# 通往幸福的理财课

肖刚 著

中信出版集团｜北京

图书在版编目（CIP）数据

通往幸福的理财课 / 肖刚著. -- 北京：中信出版社，2025.3. -- ISBN 978-7-5217-7170-1

Ⅰ.F830.593-49

中国国家版本馆 CIP 数据核字第 202408T267 号

通往幸福的理财课
著者： 肖刚
出版发行：中信出版集团股份有限公司
（北京市朝阳区东三环北路 27 号嘉铭中心　邮编 100020）
承印者： 北京通州皇家印刷厂

开本：787mm×1092mm　1/16　　印张：17.25　　字数：167 千字
版次：2025 年 3 月第 1 版　　　　印次：2025 年 3 月第 1 次印刷
书号：ISBN 978-7-5217-7170-1
定价：69.00 元

版权所有·侵权必究
如有印刷、装订问题，本公司负责调换。
服务热线：400-600-8099
投稿邮箱：author@citicpub.com

# 前　言

我是 2007 年大学毕业的，那一年工作很好找。但怀着金融报国的理想，我选择出国攻读金融学博士学位，一心想学习最前沿的金融知识，回国帮助国家建立更完善的金融体系。这颗理想的种子埋在了我的心里，一直鼓励着我。然而，直到 2012 年博士毕业，我也没有想明白，到底怎样做才能"建立更完善的金融体系"。

回国工作了两三年后，我对国内的金融体系有了更深刻的认识。我才意识到，尽管我们有了庞大的银行体系、活跃的金融市场及众多上市公司，但是在现有的金融体系中，我们依然缺乏面向大众的、优质的财富管理服务。而要补齐这张拼图，需要国家、金融机构和公众共同的努力。在公众层面，我们需要普及财富管理的理念，让更多老百姓树立正确的财富观，掌握财富管理的知识。特别是在人口老龄化不断加剧的当下，通过科学合理的财富管理，为自己的老后人生提供充足的财务支持，对于每个年轻人具有重要的意义。因此，本书作为一本旨在向大众传递财富管理通识的书，也是我学生时代理想的延续。

财富管理，对一些人来说可能有些陌生，但若说起理财，大多数人都不陌生。那么，财富管理与理财有什么关系呢？日常生活中，理财常被与投资联系在一起，以致许多人以为理财就是通过投资来赚钱。但实际上，理财指的是对收入、消费、储蓄、借贷、投资等与钱相关的方方面面进行合理规划和科学管理。理财，顾名思义，就是管理财富，也是本书中提到的财富管理，其内容涵盖金钱的赚取与使用，兼顾日常生活开支与长期财富增值，可为个人与家庭的生活提供长远的财务保障。

事实上，理财是一个伴随我们终身的行为。从孩童时代的压岁钱、零花钱，学生时代的生活费，工作之后的工资、奖金，到退休后的养老金，这一生之中我们都在与钱打交道。当这些钱到达我们手里时，它们就像种子，若得到耕种和持续滋养，假以时日，就能生根发芽、茁壮成长。但即使是颗粒饱满的种子，也可能因为被扔在路边、被石头缝夹住而失去生命力。我们手中的财富也是有生命力的。科学合理的财富管理，将有助于你实现财富长期、显著的增值，为你的未来提供开支上的保障，也将帮助你在当下抱有美好的盼望。你在财富管理上付出的努力，不仅会让你个人受益，而且将为你的整个家庭提供庇荫。因此，作为一本旨在传递正确财富管理理念和财富观、价值观的书，本书发出了当下年轻人憧憬幸福生活、畅想美好未来的时代呼唤。

我在和朋友及学生打交道的过程中，发现许多人对理财感到茫然。我看到有些人在做储蓄、消费、买房、投资等决策时犯的错误，对个人和家庭带来了巨大的冲击，且产生的影响十分深远，这让我感到惊讶。我更惊讶的是，尽管我是学金融的，甚至有金融学博士学位，但我在理财时也常常做出让自己感到懊悔的决策。因此，我对人们在理财中遇到的困惑感同身受。我多么希望在自己更年轻的时候，比如学生时代，有老师能细致地告诉我如何打理好手中的财富。我希望有老师，不仅教授我理财的知识，而且从理念、认知上帮助我避免人性的弱点对理财带来的影响，同时帮助我在实操层面有实质性的提升。

经过多年的思考和钻研，自 2021 年春季学期开始，我在中国人民大学开设了一门面向全校本科生的财富管理通识课程"财富管理与幸福"。从 2021 年到 2024 年，我连续 7 个学期教授这门课，选课人数也从最初的 30 人上升到了 330 人。这是人大历史上首门财富管理通识课程，并在 2023 年入选了"人大金课"，被列作本科生的通识核心课程。在这门课上，我不仅教学生财富管理方面的知识、技能，也花了很多时间和学生一起讨论财富管理所需要的品格、心态、价值观和财富观。作为老师，每一次讲授这门课，都是对我自己的一个激励，帮助我更深刻地理解财富与人生的意义。因此，我基于这门课程的内容创作了本书，它不仅是一个财富管理通识教育的载体，也代表了我作为一名大学老师，对于帮助更多人，特别是年轻人，通过财富管理获得幸福、成就人生的使命担当。

财富管理是一件意义非凡的事情。在第 1 章，你将读到，通过财富管理，你能从容应对通货膨胀、人口老龄化带来的冲击，以及在当下更有勇气去抵御"内卷"对身心的消耗。尽管年轻人对财富管理有诸多顾虑，但我在第2章还是鼓励他们尽早开始。财富管理就像播种，越早播种，就越早享受复利的奇妙功效，实现财富的增值。年轻人不仅需要有理财的意识与勇气，更需要有正确的财富观和价值观。因此，你在第3章将读到财富管理所需要的品格，深刻理解财富的意义，以及如何用"管家"心态打理所拥有的财富。前3章的内容是基本功，将为你做财富管理打下坚实的基础。

在第4章，你将学习到财富管理相关的知识，包括如何通过合理的消费和高效的储蓄为财富管理提供好的开始。在第5章，你将系统学习股票投资的知识。很多人对国内A股市场有误解。通过这一章的学习，你将消除这些误解，并认识到A股市场独特的优势和实实在在的投资机会。在这一章，你还会学习到股票的分析思路，并掌握搭建选股策略的方法。通过股票投资的丰厚收益实现财富的显著增值，是财富管理的重中之重。有很多年轻人钟爱固收类产品，也买基金，第6章就专门从资产配置的角度讲解这些资产的选择和配置方法，帮助你更清楚地理解固收这类产品在理财中的定位，并解决基金投资者中普遍存在的"一投就亏"的问题。在第7章，你将学习到在财富管理中控制风险的方法，比如如何降低股市下跌及情绪波动对财富的影响，以及用保险"四件套"做好人生的风险管理。

本书从构思到写作，毫无疑问是一个领受恩惠的旅程，我得到了许多人的鼓励和支持。梁晶老师、庞虹老师、祝小芳老师、扈企平老师是我从教生涯的引路人。他们就像灯塔一般，让我懂得身为人师，不仅要承担传道授业解惑的责任，而且要肩负起塑造灵魂、启迪人生的崇高使命。我也十分感谢我的朋友郭锐老师，和他的数次讨论帮助我对财富管理的理解从知识层面提升到了品格和价值观、财富观的高度。人大外国语学院的黄晓敏老师和李华老师对讲课的热情和对提升教学质量的执着一直激励我永不懈怠、坚持做正确的事情。本书特别得益于我能够在人大持续开设"财富管理与幸福"这门课，而这离不开人大财政金融学院院长庄毓敏老师、应用金融系主任谭松涛老师的大力支持，以及我的同事黄继承老师、殷轶瑾老师和方坤老师的鼎力相助。我也十分感谢历年来上过这门课的学生，他们用心的听讲、认真的讨论给了我很多鼓励。这门课往年的助教也给了我非常多的协助，他们是：江一帆、曹智宁、商紫帆、毛涵洁、杨盛琦、王颖、汤璐、唐于程、孙鹤溪、潘丝雨、汪亚平等。

　　本书得以出版，也离不开中信出版集团的大力支持，特别是吴长莘编辑为我提供了十分宝贵的建议，拓宽了我的思路，以及许志编辑给了我诸多指导和帮助。

　　最后感谢的是我的妻子，张方志女士。她无怨无悔的付出和一以贯之的支持与爱，使我得以前行不辍。

# 目 录

## 第 1 章 理财要趁早

通货膨胀让钱越来越不值钱了 　　　　　　　　003

人口老龄化带来的养老压力 　　　　　　　　　005

理财是最好的副业 　　　　　　　　　　　　　009

理财使财务自由成为可能 　　　　　　　　　　014

理财还是要靠自己 　　　　　　　　　　　　　021

## 第 2 章 年轻就是资本

年轻人其实很有钱 　　　　　　　　　　　　　029

复利偏爱年轻人 　　　　　　　　　　　　　　031

不要害怕亏损，年轻人有足够的容错率 　　　　034

努力工作，才能高效理财 　　　　　　　　　　039

财务自由，并不代表躺平 　　　　　　　　　　042

第 3 章　财富与幸福

幸福的人生需要经营　　　　　　　　　　　　047

金钱是幸福的工具，而不是目标　　　　　　　056

金钱，如何让我们更幸福？　　　　　　　　　062

理财是马拉松，不是冲刺跑　　　　　　　　　066

做金钱的"管家"，不再为钱焦虑　　　　　　073

 第 4 章　赚钱之前，先学会花钱

高效储蓄，积累财富的第一步　　　　　　　　085

如何消费让你更有幸福感？　　　　　　　　　093

千万不要借贷消费　　　　　　　　　　　　　098

年轻人要不要尽早买房？　　　　　　　　　　107

建立财富的保障层与增值层　　　　　　　　　117

 第 5 章　更适合年轻人的财富增值之道：投资股票

股票的实际收益率更高　　　　　　　　　　　125

关于 A 股市场的常见误解　　　　　　　　　 128

如何寻找 A 股的投资机会？　　　　　　　　 132

跟巴菲特学习股票商业分析　　　　　　　　　140

如何分析企业的资产负债情况？　　　　　　　155

如何分析企业的盈利情况？　　　　　　　　　163

| 如何分析企业的现金流？ | 172 |
| 如何判断股票价格是否合理？ | 175 |
| 如何构建适合自己的股票投资策略？ | 182 |

## 第 6 章　资产配置，稳步积累财富

| 更有幸福感的理财，需要资产配置 | 195 |
| 如何进行资产配置？ | 197 |
| 如何设定合理的理财目标？ | 206 |
| 如何配置固收产品？ | 213 |
| 如何配置指数基金？ | 221 |
| 利用定投打破基金"一投就亏"的怪圈 | 226 |

## 第 7 章　做好风险管理，财富人生更安稳

| 理财一定要控制好风险 | 233 |
| 如何正确应对股市下跌并降低其对财富的影响？ | 239 |
| 情绪如何使我们在理财时犯错？ | 245 |
| 用保险"四件套"做好人生的风险管理 | 256 |

# 第1章
## 理财要趁早

理财，对于每个年轻人都意义非凡。通过理财，你更有可能从容应对通货膨胀、人口老龄化带来的冲击，也更有可能实现财务自由。实际上，理财是你最好的副业，理财收益能成为你长期收入的重要组成部分。理财不仅为你提供财务保障，也让你对生活保持美好的期待。

## 通货膨胀让钱越来越不值钱了

我们都希望成为时间的朋友。然而，我们手里的钱会因为通货膨胀，随时间的推移逐渐贬值。通货膨胀是一个客观存在的经济现象，它是指随着经济的发展，受成本不断上升的影响，我们日常生活中吃、穿、住、行等涉及的产品和服务的价格，呈现逐步上涨的现象。

### 通货膨胀侵蚀着你的财富

以我的亲身经历为例。

2000—2003 年，我在上高中时，午饭在学校旁边的快餐店吃，3 元可以买两荤一素。每次打饭的阿姨都会递给我两个沉甸甸的白色一次性饭盒，一盒装饭，一盒装菜，且时常有豆泡烧肉、狮子头这样的菜品。

2003—2007 年，我读大学时，3 元只能买一份荤菜，连一个小碗也装不满。

2012 年，我参加工作时，同样是 3 元，只能买一份素菜。

2024 年，3 元在食堂连一份素菜也买不了了。

在铸币或纸币盛行的时候，人们的财富可能会因为货币本身的磕碰磨损而减少。现在我们已经很少使用硬币和纸币，财富的形式更多是手机上显示的一个数字。但你是否意识到，即使这个数字不发生变化，其对应的实际价值，也会因为通货膨胀的存在而逐渐降低。也就是说，通货膨胀正在悄无声息地侵蚀我们的财富。钱，越来越不值钱了！

根据国家统计局的数据，自 2000 年以来，我国每年的通货膨胀率平均为 2.17%。在过去 23 年的时间里，累计通货膨胀水平达到 63.49%。这意味着，同样的 100 元，现在相比 23 年前，价值已经折损了超过 63%！

**通货膨胀增加了你的开支**

通货膨胀不仅侵蚀我们的财富，也显著增加未来的开支。与我们日常生活紧密相关的产品和服务的价格上涨，特别是服务业相关的产品和服务的价格，明显高于物价平均的上涨水平。以理发为例，2012年我刚来到北京，一家理发店每次理发是10元。此后每年，理发的价格都会上涨。到2023年，同一家店的同一位师傅，理发的价格已经上涨到35元。然而，即使上涨了这么多，这家店的理发价格依然是附近最便宜的！

通货膨胀使人们的生活成本越来越高。而且，随着人们生活水平的日渐提高和科学技术的快速发展，许多新需求被激发出来，开支也随之增多。大家买的手机功能越来越强大，价格也越来越高；给父母买的保健品越来越多，给孩子买的教育产品也越来越丰富，这些都带来了支出的持续增加。

然而，尽管物价上涨、开支增加，但工资的上涨速度却相对较慢。这就导致我们的存款不断减少，而财务上的紧张带来的就是对当下和未来的焦虑。

"你不理财，财不理你。"从通货膨胀的角度来看，这是一句大实话。我们手里的钱因为通货膨胀价值日渐折损。因此，我们每个人都需要尽早开始理财，以应对通货膨胀对我们的财富和生活的影响。

## 人口老龄化带来的养老压力

人口老龄化正快速地改变着我们的社会。国家统计局数据显示，2023年年底，我国65岁及以上人口占总人口比高达15.4%，我国已步入深度老龄化阶段。国家将有效应对人口老龄化当作国家重大战略。应对人口老龄化不仅是一项国家重大战略，也和我们每一个人息息相关，特别是和每一个年轻人紧密相连，其影响会伴随我们终生。

**赡养老人的财务压力显著增加**

随着经济的发展和生活、医疗条件的不断改善，人们的寿命越来越长。1990 年，我国男性的平均预期寿命为 66.4 岁，女性的平均预期寿命为 70.5 岁。到了 2020 年，我国男性的平均预期寿命延长到 73.6 岁，女性的平均预期寿命延长到 79 岁。现在，我们走在大街上、小区里，经常能遇见 80 多岁、精神矍铄的老者，他们能自己买菜做饭、独立生活，而且充满活力。

长寿是一种莫大的祝福。中国人常说"家有一老，如有一宝"，在我们的传统文化中，孝敬老人是自古就有的意识和观念。这也意味着，当父母逐渐变老，我们做子女的就需要承担起赡养老人的义务。

赡养老人会带来不小的财务压力，这主要体现在以下三个方面。

第一，保健费用。年纪的缘故，父母身体里各种营养元素都在流失。他们需要补充必要的保健品，比如有助于心血管健康的鱼油、防止骨质疏松的钙片等。此外，定期的深度体检、肿瘤筛查等也是必不可少的。

第二，护理费用。当老人因身体的问题，不方便买菜做饭，甚至生活不能自理时，就需要有人长期陪护照顾。一般来说，护理老人通常由子女来承担。人们常说"养儿防老"，孩子小的时候，父母带；父母老了，就由子女来照料。但子女如果还有工作，往往就需要聘请保姆来帮忙照顾，或是将父母送到专业的养老中心。这些都是不小的开支。

第三，医疗费用。这是赡养老人所需开支的"大头"。随着年龄的增长，细胞的老化更有可能引发重大恶性疾病。尽管很多治疗都有医保报销，但在实际看病过程中，个人承担的费用依然是非常多的。原因在于以下三个方面。

1. 医保报销的比例有限，大多只能报 60%～70%，剩余的 30%～40% 依然要自己来负担。比如，治疗癌症的开销通常是 30 万元，这就意味着自己还得出 10 万元左右。
2. 医疗升级也会带来更多的费用。在一些大城市的知名医院，患者很多，挂号通常比较困难，做 CT 等检查也要排好几个星期。但当病情紧急、治疗不能再拖延时，为了让老人能及时得到治疗，子女就不得不挂特需号或住国际医疗部。这些费用都是不能报销的，需要完全自费。
3. 特效药的价格昂贵。许多大病、罕见病的特效药并不在医保报销范围之内，而很多老人也过了商业医疗保险的投保年龄，不能购买相应的保险去报销这些特效药的费用，只能自费。

2020 年，我国 65 岁及以上的人口已经接近 2 亿。根据国务院发展研究中心的数据，到2035年，中国65岁及以上人口将增长到3.5亿，并在2050年接近4.5亿，占总人口的比例将超过37%。这也意味着，到2050年，我国每3个人里，就有一位是达到或超过65岁的老人。随着老年人口数量的大幅增长，人们对保健、护理、医疗的需求也会增长。再加上通货膨胀的影响，可以预见的是，赡养老人的费用将在未来30年里大幅增加。

然而，如今的80后、90后，甚至00后大多是独生子女，这意味着尽管赡养父母的财务支出将来会大幅增长，但承担赡养义务的子女却只有一位。落在当代年轻人肩上的赡养责任之重可想而知。

## 养老金储备不足，个人养老压力增大

随着人口老龄化的加剧，我们个人退休养老所需的资金储备也不断上升。当下，我们的父辈依然是通过国家建立的社保体系养老金，支撑老后生活。在这个社会保障体系中，工作的人通过缴纳五险一金，为这个社保体系提供资金，用于支付老年人的养老金。我国现在领取养老金的老年人口占比是15%左右，按当前的人口结构，对应每位老年人的养老支出，差不多有5位处于劳动年龄的人在提供支持。

老年人口迅速增加，越来越多的人退休，但是劳动人口却在逐步减少。预计到2050年，支持每位领取养老金的老年人所对应的劳动年龄人口只有1.5位，比现在下降了超过70%！

未来，人口老龄化所带来的人口结构的巨大变化，将直接影响社保体系对个人养老金的支持力度。可以确定的是，当代年轻人需要更多地通过个人财富的积累去应对退休之后的各项开支。所以你现在就需要制订财富管理计划，为退休养老做财务准备。

随着寿命的延长，我们的财务负担也越来越重。在漫长的岁月中，相比父辈，我们需要在有限的职业生涯中，为更长的退休养老生涯做更充足的财务准备，这对我们提出了更高的要求。

因此，在人口老龄化的浪潮下，当代年轻人只有尽早开始理财，让财富的雪球早一点滚起来，才能为今后做更加充足的财务准备，让自己在面对赡养的重担和自身的养老时，能从容应对。

## 理财是最好的副业

找工作不是择优，而是权衡。

尽管收入是最主要的因素，但还需要考虑很多其他因素，例如工作强度和压力、上升空间、生活成本、对象的工作地、家人的意向等。在我见到的学生就业情况中，有放弃互联网公司的 offer（录用通知），转考公务员的；有为了实现梦想，毅然创业的；有为了照顾父母，决定回老家的；有因为成家，远赴千里的；有出于长远发展的考虑，甘愿接受低薪的。这些都说明，在选择工作时，收入是一个非常重要的因素，但并不是唯一的因素。

正因为找工作更多是一种权衡，所以很多人通过工作获得的收入并不理想。比如，有些人不愿承受如"996"这样高强度、压力大的工作，会避开互联网公司而选择强度不是那么大的工作，那收入就会低一些；有些人因为"北上广深"高昂的房价和生活成本，选择去二、三线城市发展，收入也会低一些；有些人为了兼顾家庭、减少通勤时间，选择离家近的工作单位，这同样可能压低收入。

如果收入不理想，我们该怎么做才能补贴收入呢？一位学生曾告诉我，她和室友商量以后参加工作了，再做一份副业。她们虽然还没有参加工作，但已经开始计划做副业了。年轻人想获得更多收入，这样的想法十分合理。

可问题是，选择一份副业，并不比找一份工作简单。

首先，每个人的时间和精力是有限的。很多情况下，本职工作的强度已经很大，正常工作时间之外，许多人还被迫加班，导致下班时间很晚。此外，为了做好本职工作，许多人还需要进一步学习提升，这也会花费不少时间。对许多人而言，本职工作几乎占据了生活的大部分时间，实在很难再花时间和精力去从事一份副业了。

其次，每个人擅长的领域总是有限的。术业有专攻，这意味着各行各业都有相应的专业壁垒。我们走出自己的"舒适区"，去从事专业领域以外的工作，其实是有较大难度的。以网约车司机为例。我曾经和一些网约车司机聊过，发现会开车和会开网约车完全是两码事。为了开好网约车，挣到钱，司机需要积累非常多的经验。例如，什么样的平台抽成少，跑够多少时间能拿到奖励，在什么时间、去什么地方会容易接到单，如何做能被派更多单，如何与乘客打交道才能提升服务分，驾驶和停车时要注意哪些规则避免罚款，等等。许多兼职开网约车的司机，都说开网约车十分辛苦，但挣不到什么钱。在缺乏专业背景和经验积累的情况下，从事副业的风险是很大的。

最后，都说"只要功夫深，铁杵磨成针"，副业的属性决定了人们很难在这上面有坚持不懈的投入。如果只是断断续续地做副业，其成效会大打折扣。我见过许多朋友，有想法、有才干，也有一些闲暇时间，但因为本职工作很难对一份副业持续投入，总是"三天打鱼，两天晒网"。现在各行各业竞争十分激烈，不进则退。你所做的副业，很可能是其他人作为主业，全身心投入去做的事情。所以对于副业，一旦因为本职工作或其他优先级更高的事情耽搁，松懈一阵子，前期的积累很可能就白费了。

做好理财，就是最好的副业！

美国金融大亨约翰·皮尔庞特·摩根，是美国历史上著名的银行家，曾在第一次世界大战期间为美国政府提供融资服务，推动了美国铁路巨头的兼并整合。他的父亲曾经对他说过一句影响他终身的话："最好的生意，就是用别人的钱去挣钱。"

不是每个人都能"用别人的钱去挣钱"，但是我们每个人都能"用自己的钱去挣钱"。很多人废寝忘食地工作，参加各种应酬，几乎耗尽自己的时间和精力，甚至透支身体、牺牲家庭，唯独忽视了"用自己的钱去挣钱"。而对绝大多数人而言，这恰恰是最重要的积累财富的方式。

因为在大学里教财富管理相关的课程，我问过很多人对理财的看法，以下是普遍存在但截然相反的错误看法。

第一，对理财的态度过于激进，期望通过理财在短时间内实现财富的大幅增长。他们会冒十分大的风险，用自己辛苦攒下的钱，甚至是借钱，去投资价格波动非常大的资产，期望一夜暴富。这样的行为是十分可怕的。一旦投资失败，就可能倾家荡产。我身边就有一些朋友因借钱投资P2P（互联网借贷平台），最终不仅输掉全部家底，而且负债累累。

第二，对理财的态度过于保守，不愿意接受理财过程中本金的任何亏损。他们大都把钱投向几乎没有风险的资产，比如银行存款、国债等。因为不愿承受风险，他们对收益也没有太高期待，通常只要能跑赢通货膨胀，让财富不贬值即可。但实际上，这样过于保守的投资很难跑赢通货膨胀。

这两种理财态度其实都是错的。理财并不是一锤子买卖，也不能实现一夜暴富。相反，理财是一种长期行为，是通过把财富合理配置在不同的资产上，实现财富长期、有效增值的方式。而且，理财的目标也不局限于保值和跑赢通货膨胀。进行科学合理的财富管理，极有可能使财富按约10%的年均复合增长率增值。

基于对理财的正确认识，我们可以进一步来讨论为何理财是最好的副业。

第一，理财并不需要占用太多的时间和精力，因为你是在"用钱生钱"。一般的工作都需要我们实际参与，需要投入较多的时间和精力。但理财不一样，理财是一个"静待花开"的过程。当然，你需要花费一定时间学习理财的知识，并基于知识储备和自身实际情况，量身定制一套科学合理的理财方案，并按既定计划执行方案。然后需要做的，就是等待：等待对既定资产配置计划进行调整的时机。

比如，如果你把钱存进银行，办理了一笔定期存款，你就等着存款到期时领取本金和利息；如果你按月定投了一只基金，你就等着每个月发工资时决定是否要继续投这只基金；如果你买了一篮子股票，你就等着下一个季度的财务报表发布时评估是否需要调整持仓。理财这件事，需要花费最多时间的，恰恰是耐心等待。等待期间，关于理财，你不需要做其他任何工作。在你等待的过程中，银行在为你累计存款利息，基金在为你把握获取收益的机会，股票在为你兑现它应有的升值空间。尽管你的理财计划在短期会出现损益波动，但长期来看，只要计划是科学合理的，就有很大可能实现财富的显著增值。

第二，理财并不复杂，不像很多人想的，需要拥有非常深厚的专业知识或从业背景。理财与每个人息息相关，它是一门通识。我从事财富管理的通识教学多年，上课的学生来自不同专业，并不局限于经济、金融专业，他们经过一个学期的学习都能在学期末为自己定制一套财富管理的方案。而且目前金融市场提供了丰富的理财产品供大家选择，这极大提升了理财的便利性，降低了理财的难度。

也正是因为理财并不需要花费大量的时间和精力，也并不如想象的复杂，所以理财是相对容易坚持下去的。理财需要我们持之以恒，才能绽放光彩。在理财的过程中，受经济周期、市场波动的影响，短期理财收益出现波动是很正常的。但拉长时间来看，市场经历下跌，也会迎来上涨；经济落入低谷，也会迈向高峰。一个科学合理的财富管理计划，在时间的检验下，终会体现其价值，为我们带来财富增值。

第三，理财带来的财富增值，有时并不比工作收入少。比如，从25岁开始，每年定投5万元，按10%的年化收益率计算，到68岁一共投入220万元，却积攒了3 258万元，净理财收益达到了3 038万元，平均每年的理财收益达到69万元。这可比许多人的工作收入高了不少，而且这部分收益是免税的。

因此，通过理财这个副业，你可以在时间和精力不被过多占用的情况下，显著增加收入，不仅为个人和家庭的财务健康保驾护航，而且能实现财富长期显著的增值。

做好理财，就是最好的副业！

## 理财使财务自由成为可能

我刚参加工作的时候，听到"财务自由"这个概念，对它印象十分深刻。财务自由，是一种比较理想的状态，是指被动收入能够支撑日常生活开支。被动收入可以是房产带来的租金，也可以是投资理财获得的利息收入。被动收入，又被称为"睡后收入"，即我们在睡觉、不工作时仍然能获得的收入。财务自由，不仅是一种财务状态，也是一种生活状态——不用工作，不再内卷，也能享有安稳的生活。这是很多人梦寐以求的生活。

不同的人对财务自由的理解是不同的。有些人追求的是一种极简的财务自由，例如每年存25万元，10年累计存下250万元，之后买银行理财，按4%的年化收益率计算，每年获得10万元利息，以满足一年极简的生活开支，从此不再工作。工作10年即实现财务自由，提前退休，这听起来无疑十分吸引人。

但在有些人看来，这样的财务自由在一定程度上是以牺牲生活品质为代价的——一年仅10万元的预算，意味着一家人的生活很可能会比较拮据，比如不太可能经常外出就餐或旅行，甚至给孩子的教育投资也会大打折扣。而且这样极简的财务自由计划也是十分脆弱的——一旦出现意外，如家人患重大疾病，导致大额支出，家庭的财务状况就会立刻恶化。

而本书谈到的财务自由，是一种能确保生活品质的财务自由。什么是有品质的生活，不同的人会有不同的标准。此处仅以生活在北京的一部分人的情况举例，说明要攒下多少钱，才能实现有生活品质的财务自由。大家可以举一反三，根据自己的实际情况与标准计算具体数额。

对于一个家庭，在北京最大的开支，很可能是买一套房。有生活品质的财务自由的一个体现就是居住条件舒适，这意味着，不仅房子要较为宽敞，而且交通要较为便利，还要有不错的配套设施，最好是学区房，符合这些标准的房子，按2023年的行情，房价大概率要上千万元，此处以2 000万元为例进行说明。

另一个主要开支就是日常生活的开支。在这个方面，有生活品质的财务自由的一种体现可以是，无压力购买健康有机的食品、支付保费较高的商业保险、每年有一两次旅游等。这样的生活，在北京一年可能需要二三十万元，此处以 30 万元为例进行说明。假定储蓄能获得的年化收益率为 3%，那么要获得一年 30 万元的被动利息收入，就需要 1 000 万元的本金。所以拥有一套舒适的房产，并利用利息收入过有品质的生活，在北京大概需要 3 000 万元。

那么问题就来了：要工作多少年，才能实现财务自由呢？

简单计算，假定一位年轻人 25 岁学成开始工作，按年薪 30 万元来计算，需要工作 100 年；按年薪 50 万元来计算，需要工作 60 年。即使是夫妻双方都辛苦打拼，各获得年薪 50 万元，那也要工作 30 年。即使是在北京这样的一线城市，工薪家庭年薪上百万元也并不容易，再缴纳个人所得税、五险一金并刨除日常开支之后，到手的收入会缩水不少，通过工作收入实现财务自由已经变得遥不可及。

那么，出路在哪里？难道对辛勤工作的人们而言，财务自由就是一个无法企及的幻想吗？当然不是！

我是 2007 年本科毕业的，那时的中国经济正处在一个高速发展的时期，工作机会很多，找工作并不难。但当时我一心想再学一些金融专业知识，有机会更好地参与中国资本市场，所以申请去美国读金融学博士。2012 年博士毕业回到国内工作。

我在美国待了 5 年，直到我在国内工作了一段时间，对中美的金融体系有了更深刻的认识后，才意识到，通过资本市场管理好财富，让财富长期、持续、稳健地增值，不仅能使人们老有所依，有充足的养老金保障，而且能使人们对未来抱有美好的期望，当下也就更平安、喜乐和自由。

## 如何通过理财实现财务自由？

我们来看下面这个例子：假如一位年轻人从 25 岁开始，每年定投 5 万元，按 10%[①]的年化收益率，利滚利，到 65 岁会积攒一笔多大的财富呢？

这里有两个需要注意的概念：

1. 定投，是指定期、定额向一个投资计划持续投入资金。这个投资计划可以是一个投资策略、一只基金等。
2. 年化收益率，是指投资满一年获得的收益率。假设可投资金 100 元，按 10% 年化收益率计算，1 年后可获得收益 10 元，可投资金变为 110 元。

定投 5 万元，意味着每年攒 5 万元，分摊到每个月，也就是存 4 000 元左右，这对于很多家庭，特别是双职工家庭，并不难。如果执行这样一个投资计划，按 10% 年化收益率计算，让财富像滚雪球那样积累，最终能积累多少财富呢？具体如图 1.1 所示。

---

① 以 10% 为例计算是因为，上证指数作为 A 股市场"晴雨表"，其从 1990 年 12 月 19 日的基准点 100 点，上涨至 2023 年 3 月 31 日的 3 272.86 点，年化收益率达到了 11.42%。

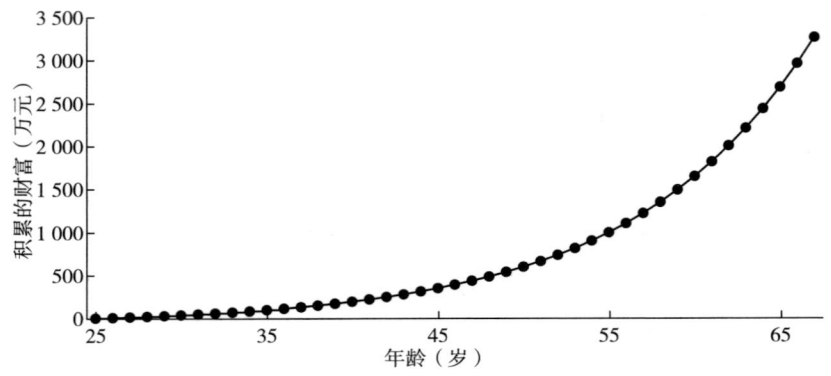

图 1.1 每年定投 5 万元，按 10% 的年化收益率，积累的财富

当这位年轻人在 25 岁投入第一笔 5 万元时，这笔资金在第二年就变为 5.5 万元，当再投入 5 万元，到其 27 岁时，就积累了 11.55 万元。按照该定投计划，这位年轻人的财富逐年增长，雪球越滚越大，而且越到后面财富增长的速度越快，直到其 67 岁时，积累的财富已经达到 2 957 万元，到 68 岁时就正式突破 3 000 万元，达到 3 258 万元。

表 1.1 展示的是该年轻人在 30~68 岁的部分年龄段，通过这个投资计划所积累的财富。

表 1.1 30~68 岁的部分年龄段积累的财富

| 年龄（岁） | 积累的财富（万元） |
| --- | --- |
| 30 | 34 |
| 35 | 88 |
| 40 | 175 |
| 45 | 315 |

续表

| 年龄（岁） | 积累的财富（万元） |
|---|---|
| 50 | 541 |
| 55 | 905 |
| 60 | 1 491 |
| 65 | 2 434 |
| 67 | 2 957 |
| 68 | 3 258 |

这位年轻人在 30 岁的时候，通过这个投资计划攒下了 34 万元，到 35 岁达到 88 万元，40 岁时接近 200 万元，45 岁就突破 300 万元，并在 50 岁时超过 500 万元。从 25 岁到 50 岁，第一个 500 万元用了 25 年，但因为基数的持续增加，财富增值越来越快，到 55 岁，仅用 5 年就又增长了 464 万元。到 60 岁时，就已经积累了近 1 500 万元，并最终在 68 岁时突破 3 000 万元。

## "睡"后收入，也是"税"后收入

按照这样一个投资计划，从 25 岁到 68 岁的 44 年时间里，这位年轻人每年定投 5 万元，一共投入了 220 万元（5 万×44），最后积攒了 3 258 万元的财富，净收益达到了 3 038 万元，平均每年收益为 69 万元（3 038 万/44）。这不仅是工作收入之外的"睡"后收入，更是免缴个人所得税的"税"后收入。因为我国为了推动资本市场的发展，按现行《中华人民共和国个人所得税法》规定，个人从股票市场获取的投资收益是免税的。

这也意味着，通过每年定投 5 万元，按 10% 的年化收益率计算，投资者实际上获得了一份每年近 70 万元的额外财富积累，这对于终身财富积累具有非凡的意义。

很多人平日里光顾着工作，常常忽视理财，或者不愿花时间和精力认真管理自己的财富。但通过上面的分析，不难看出，理财对于财富的积累至关重要，通过科学合理的财富管理带来的收入，甚至能超过工作收入！

财富管理不仅影响我们未来的财富积累，而且与我们当下的生活息息相关。设想一下，当你知道自己通过持之以恒的、科学合理的财富管理，平均每年能获得额外的近 70 万元收入，你当下工作和生活的心态就会有极大的改变。你会对未来更有盼头，更有勇气去迎接各种挑战；你会更有底气拒绝加班和内卷，给家人更多陪伴和照顾。你不仅会在年老时获得充足的财务保障，而且在年轻时能活得更轻松、更自由、更幸福！

科学合理的财富管理对人们产生的积极影响，也能解释为什么很多美国人会过度消费。我以前在美国读书时，观察美国人的消费行为，总是惊讶于他们生活上的各种浪费，比如开十分耗油的车、住能源消耗很大的房子等。有人将中国人和美国人的消费习惯差异解释为文化差异：中国自古就有勤俭节约的优良传统，但美国人没有。实际上，导致这种差异的，更有可能是人们能否科学有效地管理好自己的财富。美股市场，长期来看，平均年化收益率可以达到 8% 左右。很多美国人看似"月光"，但实际上他们已经将收入的一部分通过养老金计划投向了资本市场，在几十年的时间里，让财富实现了长期、显著的增值。而通过管理好财富所积累的丰硕成果，已经能给他们提供充足的养老保障，因此他们活在当下，也更有可能通过消费去满足对物质的欲望。

因此，理财要尽早开始。你可能目前尚未积累太多财富，但通过管理好财富，就有可能在未来实现财务自由，为自己和家人积累充足的财务保障，也更好地活在当下，平衡好生活与工作，感受生活的美好，收获满满的幸福！

## 理财还是要靠自己

我们家有一个自动烹饪锅，是朋友送给我和太太的结婚礼物。我刚开始用这个锅时，曾憧憬着把一堆食材、调料都放进去，加上水，再按个键，等上一个小时，菜就做好了。但事实并非如此。这个锅上面有一个键，写着红烧肉，但为了做好这道红烧肉，我需要做充足的准备工作，比如将肉焯水、配菜、准备好合适的油、搭配好各种调料，再按比例加水。甚至有的时候我还需要看看网上的菜谱，或者请母亲远程指导。等这些准备工作都做好了，我才会去按烹饪锅上的"红烧肉"选项键，等待一道美味菜肴的出锅。

尽管我有了这台自动烹饪锅，但显然我没有也不能把做一道美味佳肴的重任全部托付给这口锅。若没有充足的准备工作，即使有了这口锅，我也做不出红烧肉。

理财也是如此！

我问过很多人，他们是如何理财的。我得到的答案，大概有以下几种。

- 我买了一只基金，是理财经理推荐的。
- 我买了一只股票，因为身边有朋友也买了。
- 我听一个朋友的，他/她说买什么，我就买什么。
- 我有一位亲戚懂理财，我的钱都交给他/她打理。

　　这些答案，其实反映出一个共同的问题：将理财的事情交给其他人。我和许多年轻人聊过他们在理财上的困惑。他们认为自己缺乏专业的理财知识，既想理财，又怕自己理不好，犯错亏钱。

　　"与其自己学得一知半解，还不如将钱交给懂的人来打理。"这是很多人对理财的看法。殊不知，这样的想法很可能会带来不好的理财结果。

　　2021年3月，一位大四的学生来找我，说她听朋友的建议在2021年年初买了一只明星基金，已经亏了20%。

　　2022年6月，一位邻居告诉我，她听别人的推荐买了一只股票，半年已经亏了30%。

　　这样的例子还有不少。

## 理财为什么不能完全靠别人？

　　许多人在理财时常常做甩手掌柜，但其实在理财这件事情上，每个人都不能袖手旁观。一个科学合理的财富管理计划，需要我们做到以下两点。

第一，明确自身的理财目标和承受风险能力，选择契合自身需求的理财产品。理财过程中，人们最常见的问题是，不清楚自己在理财中到底要什么。很多人都是理财经理推荐什么产品就买什么，别人买什么自己也买什么。这就使很多人在理财时非常被动，虽然签署理财产品的购买合同是自己在操作，但是在做决策的过程中，自己并没有仔细甄别、掌握主动权。

每个人在理财之前，都需要清楚自己理财的目标是什么。风险与收益总是相匹配的。一些人希望通过理财获取较高的收益，却没有做好充足的心理准备去承受较高的波动和风险，以致在所投资产价格下跌时焦虑、恐慌，仓促卖出，结果卖在低位，错失收益。也有一些人并没有期望通过理财实现财富的大幅增值，但实际选择的却是风险十分高的理财产品，若不幸发生产品爆雷，财富便被吞噬殆尽。

第二，对理财的收益来源有清晰的认识。若不清楚一个理财产品是如何获取收益的，那我们买这个理财产品时就会面临很大的风险。比如，有些理财产品的资金去向是一些高风险的投资项目，一旦爆雷，投资者就血本无归；又比如，有些基金的资金是集中投向某个行业的股票，但该行业的股票已经被高估，尽管过往收益很高，但接下来很可能就是下跌，产生较大亏损。

因此，理财时我们需要对理财产品的收益来源有清晰的认识。比如买一只基金，我们不能只看它的过往收益，还要仔细阅读这只基金公告中关于投资策略的介绍，查看这只基金的前十大持仓，阅读其基金经理的过往访谈记录，以了解这只基金的资金去向、基金经理的投资思路。这些信息都是公开的，在大部分理财平台都能十分方便地获取。充分了解这些信息，对我们做出投资判断非常有帮助。

以上两点中第一点是对自身的认识，第二点是对理财产品的认识。理财的实质，是用理财产品来满足自身财富管理的需要，实现自身财富管理的目标。这就像做菜，你需要根据自身的偏好，选择合适的食材、调料、炊具及烹饪方式，做出契合你口味的美味佳肴。理财也是如此，你需要充分了解自己理财的目标、需求，明确为了达到相应的理财目标需要的收益，以及了解你将要承受怎样的风险。在此基础上，通过对各个理财产品的认识，选出最契合你需求的理财产品。

而一旦将理财完全交由他人来打理，那你就有可能产生很多困惑，变得被动。比如，当你投的基金出现亏损时，你可能不清楚亏损的原因是什么，接下来又该怎么操作，是赎回还是继续持有。赎回，会担心错过后面的上涨；继续持有，又会担心继续下跌。因此左右为难，寝食难安。又比如，当你缺乏对自身理财目标的清晰认识时，你会陷入纠结：选收益高的，波动太大，自己承受不了；选波动小的，收益又太低，自己不满意。

因此，将理财完全交由他人来打理，本质上会带来以下两个问题。

一是风险问题。因为不是亲自打理，所以你无法清晰地了解理财过程中面临的风险有哪些。这会让你心里时常不踏实，缺乏坚定的信心，也因此缺乏内心的安宁。哪怕你从这个产品中获得了收益，你依然会担心、害怕。

二是匹配问题。只有你最清楚自己理财的需求，你最清楚自己的风险承受能力，也只有你才能将风险及收益与你的需求相匹配。这些是其他人很难做到的。因此，当你将理财完全交给其他人时，他推荐的未必是你需要的。

这也是为什么理财不能完全靠别人。理财需要靠自己！

## 理财前，我们需要了解什么？

那么，为了制订适合自己的理财方案，我们需要具备哪些知识？会不会很复杂？其实并不复杂。理财所需要的知识，主要有以下几个方面。

第一，理解理财的定位和意义。这是科学理财的第一步。我曾经把理财想得太窄了，认为理财就是挣些小钱。比如我曾经想学吉他，还想着带身边的几位朋友一起学，所以就得买好几把吉他。那买吉他的钱从哪里来呢？我当时就想，要不去买几只股票，用赚到的钱去买吉他。这既把理财想窄了，认为理财是赚零花钱的方式，又错误地用短期思维来看待理财，认为理财就是要在三四天、一周、一个月里给我带来收益。

理财远比赚小钱、赚零花钱的意义大得多。理财能帮助我们实现财富的保值增值，迈向财务自由。理财绝不是一件"短平快"的事情，也不是一件立马就能见成效、得收益的事情。只有对理财的意义有正确的认识，用长远的眼光看待理财，我们才能制订科学合理的理财方案。

第二，设定理财的目标。在理解理财的定位和意义后，我们就需要结合自身的财务状况、个人和家庭的财务需求，设定理财目标，明白需要的收益是高是低，以及应该承受多高的风险。比如，你期望通过理财实现财富的显著增值，而不仅仅是抵御通货膨胀，那你可能需要 10% 及以上的年化收益率水平，而这也就需要你做好承受高风险的准备。

第三，了解各种资产的风险、收益来源及配置思路。不同资产的风险、收益特征各不相同。常见的资产包括：股票，固定收益产品（到期还本付息的产品，比如存款、国债、固收理财等），基金和保险。在了解各种资产风险和收益的基础上，你需要了解资产配置的思路与方法，并根据你的理财目标，构建契合自身需求的资产组合。

总而言之，管理财富是一个知行合一的过程。你需要积累相关知识，结合自身情况，构建一个适合自己的资产组合。只有你最了解你自己，只有你才能制订出最适合自己的理财计划，也只有你亲自参与，才能有效控制理财过程中的风险。

理财还是要靠自己，但毫无疑问，这是一件非常有意义且富有成效的事情。加油！

# 第 2 章
## 年轻就是资本

虽然知道理财的重要性，但许多年轻人仍对理财充满了顾虑。没钱、没时间、害怕亏损，成为年轻人理财的"三座大山"。然而，年轻人其实很有钱，有充足的人力资本。而且理财就像播种，越早开始，就能尽早享受复利的神奇功效，实现财富增值。因此，年轻人一定要尽早开始科学合理的理财。

## 年轻人其实很有钱

我常听到一些年轻人说，"我每个月工资没多少，理不理都一样""我没多少钱，万一理财亏了，就更没钱了"。

钱少，似乎是年轻人对自己的一个普遍的看法。因为觉得自己钱少，所以不愿理财；因为觉得自己钱少，所以理财十分谨慎，害怕亏损。

但是，年轻人其实很有钱。你的钱，不仅包括现在存的，也包括未来的收入，这些收入都会在你参加工作后的数十年里逐步为你所支配，这其实是一笔非常可观的财富。

## 你退休之前一共会有多少收入？

你是否想过，从参加工作到退休，按 25 岁到 60 岁计算，整个工作生涯，跨越 35 年，会有多少收入？

我们每个人其实都需要对一生的工作收入有一个预期。这对于我们正确看待自己的财富，科学做出消费、储蓄、投资的决策十分重要。然而，整个职业生涯的总收入并不好估计。专业背景不同，工作性质、工作地点不同，对收入的影响很大。为了简化估计，我们可以考虑不同的起薪，并假定每 10 年工资会有 10% 的上涨。对于月薪起薪，我们考虑以下五种情形：6 000 元、8 000 元、1 万元、1.2 万元、1.5 万元。

以上假定的工资上涨幅度其实是比较保守的。每 10 年上涨 10%，也就是平均每年上涨 1%，上涨幅度甚至低于通货膨胀率。而且每 10 年上一个台阶，说明在职业上每 10 年有一次显著上升，这和现实情况也比较契合。

图 2.1 给出的是从 25 岁参加工作到 60 岁，随着年龄的增长，在不同的起薪情况下，人们的累计收入。

如果刚参加工作时，月薪是 6 000 元，到 60 岁退休时，累计收入达到 295 万元；起薪 8 000 元时，累计收入达到 394 万元；起薪 1 万元时，累计收入达到 493 万元；起薪 1.2 万元时，累计收入达到 592 万元；起薪 1.5 万元，累计收入超过 700 万元，达到 740 万元！

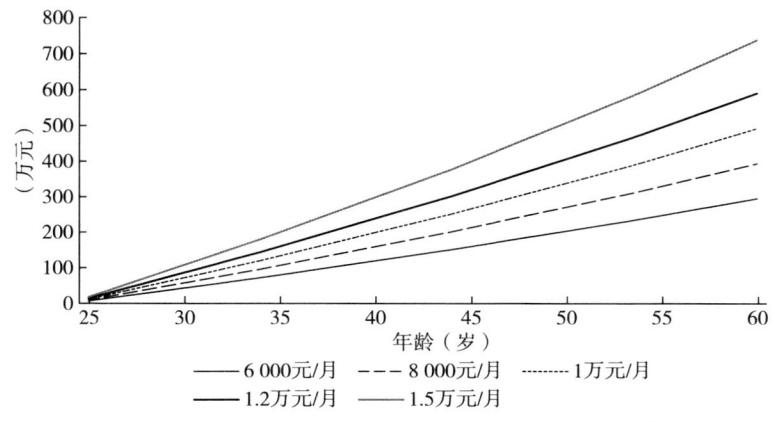

图2.1 不同起薪情况下，在不同年龄段对应的累计收入

这意味着，你整个职业生涯的收入，将达到数百万元，这就是你的人力资本。年轻人之所以十分有钱，是因为有非常雄厚的人力资本。你在未来数十年的时间里，将收获上百万元，甚至上千万元的财富。

也正是因为你将在数十年的职业生涯中收获如此庞大的财富，且考虑到人口老龄化的影响，你就更需要进行科学合理的理财，在理财这件事情上辛勤付出。你要尽心尽力打理好这笔财富，在消费、储蓄、投资等理财相关的事情上，做出正确的决策，为自己与家庭提供充足的财务保障。

## 复利偏爱年轻人

如何与时间成为朋友？答案是：尽早播种。尽早播种并持续耕耘，随着时间的推移，你就能看见这颗种子生根、发芽，逐步长大。经过时间的沉淀和积累，一粒种子就长成一棵硕果累累的大树，让你收获丰硕的果实。

播种、时间、收获，这就是我们与时间成为朋友的奥秘。你越早播种，就能越早释放种子所蕴含的伟大生命力，越早见到成长，越早有收获。

理财也是如此，你从年轻的时候开始理财，就是为自己的财富播下宝贵的种子，让复利这一奇妙的力量逐步释放，让复利持续为你工作，随着岁月积淀，为你带来财富长期、显著的增值。

复利，简单来说，就是指利滚利，你上一年通过投资获得的收益，不仅使财富增值，在下一年也成为投资本金，继续投入财富管理计划产生收益。

爱因斯坦曾经说过，"复利是宇宙中最强大的力量"。复利就像一个永动机，能日复一日、年复一年，不知疲倦地工作，使财富增值。但复利要真正发挥威力，还需要时间的沉淀。

我常听到一些年轻人说："我现在还年轻，还要享受世界，没到考虑理财的时候。"殊不知，复利偏好年轻人，年轻人越早开始理财，复利就越早发挥威力，威力也越大。

**越早开始，越多积累**

仍以每年定投 5 万元、年化收益率 10% 的理财计划为例，从不同年龄开始执行这个理财计划，积累的财富有十分大的差别。具体如图 2.2、表 2.1 所示。

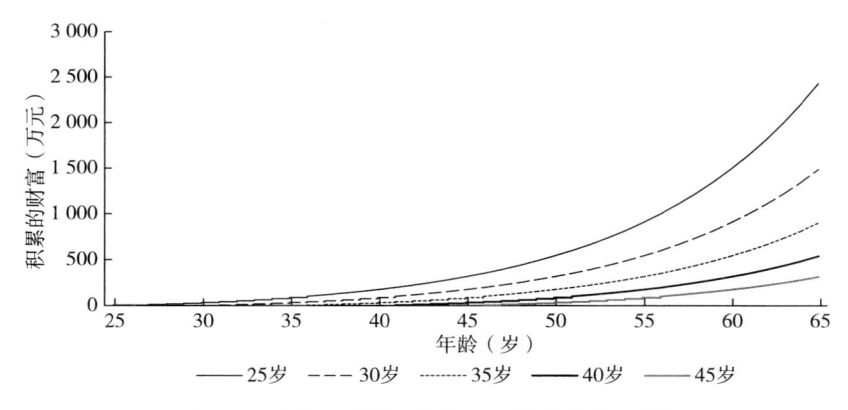

图 2.2 从不同年龄开始定投所积累的财富差距

表 2.1 从不同年龄开始定投所积累的财富　　　　　　（单位：万元）

| 开始定投的年龄 | 55 岁时的财富 | 60 岁时的财富 | 65 岁时的财富 |
| --- | --- | --- | --- |
| 25 岁 | 905 | 1 491 | 2 434 |
| 30 岁 | 541 | 905 | 1 491 |
| 35 岁 | 315 | 541 | 905 |
| 40 岁 | 175 | 315 | 541 |
| 45 岁 | 88 | 175 | 315 |

可以看出，定投计划开始得越早，在各个年龄段积累的财富越多。比如，从 25 岁开始定投，积累的财富比从其他年龄开始积累的财富，明显要更多。其所带来的财富积累的优势，并不仅仅在于投入的资金更多，更重要的是复利的威力更大。

如表 2.1 所示，从 25 岁开始按以上计划定投，到 55 岁时积累的财富达到 905 万元。如果从 30 岁开始，尽管只是少投入了 25 万元（5 万×5），但到 55 岁时积累的财富只有 541 万元，少了 364

万元。如果从 35 岁开始，相比从 25 岁开始，少投入了 50 万元（5 万×10），但到 55 岁时积累的财富只有 315 万元，少了 590 万元。类似地，如果从 40 岁、45 岁才开始，相比从 25 岁开始，少投入的金额分别是 75 万元和 100 万元，但到 55 岁时积累的财富差距分别达到 730 万元和 817 万元。

这巨大差距的背后，就是复利的神奇功效！种子绽放生命力需要时间，复利也是如此。越早开始理财，复利就越早开始发挥威力。

而且，复利效应在财富增值上的威力，会随着时间的推移而放大。如表 2.1 所示，对比从 25 岁、30 岁开始定投，到 60 岁时积累的财富差距是 586 万元，相比 55 岁时两者的差距 364 万元，增加了 222 万元；到 65 岁时积累的财富差距为 943 万元，相比 55 岁时两者的差距增加了 721 万元。

因此，年轻人在理财上，相比中年人，具有非常明显的优势，而且这个优势会随着时间的沉淀而越发明显。复利偏爱年轻人，所以年轻人更要积极主动、科学合理地理财，成为时间的朋友！

## 不要害怕亏损，年轻人有足够的容错率

害怕亏损，是人之常情。亏的是自己辛苦工作、好不容易攒下的钱，我们当然心里难受。而且我们的大脑为了保护自身免遭损失，会放大亏损给个人带来的负面情绪，从而使我们在行为上有意识地远离风险以避免亏损。这在心理学上被称为"损失厌恶"。

尽管害怕亏损、远离风险是人之常情，但这样的心理可能会让我们做出不合理、不科学的理财决策，从而大幅减弱通过理财进行财富增值的效果。

## 害怕亏损，会让你赚得更少

许多年轻人，因为害怕损失，倾向于选择低风险，甚至是无风险的理财产品。这样的理财产品，大都是到期还本付息的，没有什么价格波动，会带来稳稳的收益，的确让人放心、安心。然而，低风险必然伴随着低收益，比如年化收益率在3%左右。在漫长岁月里如果让财富一直以低收益率水平进行增长，会极大阻碍财富的积累。

仍以从25岁开始每年定投5万元的理财计划为例，并按10%、3%两种不同的年化收益率计算，财富增长差距如图2.3所示。若按10%的年化收益率，到65岁时财富会增至接近2 500万元；但若按3%的年化收益率，到65岁时积累的财富只有388万元，还不到2 500万元的1/6，少了2 000多万元！

这就好比滚雪球，每滚一圈，沾上的雪越多，雪球的体积就越大，滚下一圈时，就能沾上更多雪，如此循环反复，雪球越来越大。收益率较低的话，就相当于滚雪球时每次沾上的雪很少，财富的雪球体积变化不大，滚下一圈时，沾上的雪还是很少。低收益率下滚出的财富雪球，相比高收益率下滚出的财富雪球，会小很多。

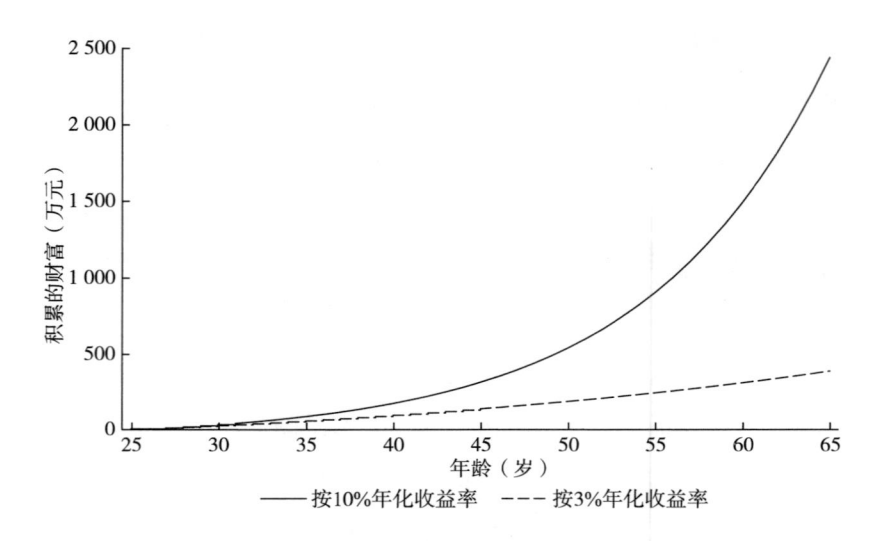

图 2.3　不同年化收益率下的财富增长差距

更重要的是，使用低收益率的理财产品，如果剔除通货膨胀的影响，可能仅仅起到保值的效果，并不能实现财富的有效增值。

## 害怕亏损，会让你亏得更多

曾有一位知名的基金经理在 20 年的时间里获得了 19 倍的收益，他的团队做了一个研究——统计这 20 年里买这只基金的投资者中，有多少人获得了收益。结果出乎意料，通过这只基金挣钱的人寥寥无几。这位基金经理将原因归结为投资者追涨杀跌：在市场上涨、股价高企的时候蜂拥而入，却在市场大幅下跌、股价很低时恐慌而逃，导致高买低卖，亏损连连。

当看到自己的钱不断亏损时，对亏损的恐惧、担心亏损扩大等心理，使人们急于止损，这往往会导致人们错过下跌之后的反弹上涨，卖在低位，亏得更多。在上面这只基金的例子中，投资者如果在下跌时不是恐慌卖出、急于止损，而是耐心地持有并等待，长期下来也能有不错的收益。但实际情况是，许多人因为害怕亏损，在这样一个长期获得19倍收益的基金产品上，不仅没能获得收益，反而遭遇了亏损。害怕亏损，会让你亏得更多。

**不要害怕亏损，你有足够的容错率**

尽管在传统观念里，相比中老年人，年轻人更敢于尝试，富有冒险精神，但我发现，在理财这件事情上，很多年轻人还是十分谨慎的。他们接受不了亏损，也承受不了财富的大幅波动。的确，很多年轻人刚开始工作，财富积累尚处于起步阶段，谨慎小心是必要的。但年轻人的另一个优势就是，容错率高。

第一，年轻人有很多机会去赚取收入弥补亏损。谁都不喜欢亏钱，但常见的理财工具——股票和基金——的价格会随着市场的起伏而波动，亏损在所难免。只要制订一个科学合理的理财计划，将亏损比例控制在10%~20%，也不至于伤筋动骨、全军覆没。此外，由于年轻人刚开始积累的财富不多，投入的本金也不会很多。比如投入10万元做理财，如果出现20%的亏损，就意味着亏了2万元。当然，这是一笔不小的钱，但你依然会有很多机会去弥补这个损失，比如更加努力地工作，拿到更多的业绩奖励，对年轻人来说，这虽然会花些时间，但肯定能做到。

第二，年轻人有充足的时间去等待市场上涨。即使你买的股票、基金因为市场下跌出现亏损，但只要你选股票、基金的方式是科学合理的，那么你现在所经受的亏损，只是账面上的浮亏而已。只要市场涨起来，你买入的股票、基金的价格也会随之上涨。你之前遭遇的浮亏，就会不断缩小，并在市场回调到一定程度的时候，取得收益。因此，你即使在理财的过程中出现浮亏，只要持有的资产是值得投资的，那么假以时日，一定会柳暗花明，拨云雾见青天。年轻人的一大优势就是有充足的时间去等待。理财对年轻人而言，更多是一件将要维系几十年的事情，而不是等着理财收益去过日子，着急支取。事实上，美国的养老金计划会让年轻人把钱放进养老金账户后，直到退休才能支取，用充足的时间去等待市场的上涨，迎接财富的大幅增值。

第三，年轻人有充足的时间学习以提升理财效果，用今后的收益去弥补现在的亏损。理财学习是一个综合工程，我们需要了解包括消费、投资、资产配置、心理学等各方面的知识。要制订出科学合理的理财计划，我们需要不断学习、实践、改进优化。我自己也有过很多亏损的经历。这些亏损不是浮亏，而是实实在在的亏损。身处其中，当然不好受。但我在每次亏损之后，都会自我反思、学习，找到改进的思路和办法，从而提升理财的水平和获取收益的能力。回顾过往的理财经历，让我收获最大的，反而是那些曾经亏损的痛苦经历，它们促使我去学习，不断提升自己。现在的学习资源如此丰富，持续的学习与提升，既是年轻人擅长的，又是必须做的。通过持续的学习，不断获得理财的知识和技能，即使现在亏了些钱，交了点学费，今后也一定能用更好的理财方式，全都弥补回来。

因此，年轻人不要害怕亏损。亏损固然会让人沮丧，但你总有充足时间、更多机会去弥补。因此，年轻的你，更要勇敢地走出自己的舒适区，勇于承受合理可控的风险，让自己的财富能够在漫长岁月里实现显著增值。

## 努力工作，才能高效理财

我在学校教财富管理相关的课程，我教的学生中，有好些人能做出很不错的投资决策。有一次，一位学生告诉我，他不打算找工作了，他想用自己掌握的投资策略进行理财，即使不工作，也能有不错的收入。我当时听了，连忙劝他：一定要找份工作，而且还要很用心、很努力地去工作，这样才能更有效地去做好理财。

### 理财不能替代工作

理财和工作，不是替代关系。我身边有许多朋友，把工作辞了，专门在家炒股。我并不支持这样的做法。理财不能替代工作，理财的收益不能代替工作收入。

我们通过理财获得的收益，和通过工作取得的工资收入，性质是截然不同的。工资是劳动所得，你付出了时间、精力，贡献了劳动成果，相应地，每个月你都能领取劳动报酬。工资收入能用来应对你的日常开支，因为这两者在时间周期上是匹配的——你每个月都有开支，每个月也都有工资。

然而，理财的收益是不确定的，不是每个月都有的。即使按科学合理的方式投资股票或基金，长期能获得财富的显著增值，但短期受市场波动的影响是有可能亏损的。换句话说，我们不能期望每个月都从理财中获得正收益。因此，理财所得并不能完全匹配日常开支。

事实上，我们需要用长期的眼光来看待理财。通过理财取得丰硕的成果，需要时间。寄希望于用理财来应对日常开支，既不切实际，又会因为频繁支取理财的资金、干扰理财的过程，影响最终效果。

**只有努力工作，才能高效理财**

要想高效理财，前提是努力工作。只有努力工作，你才能获得充足的收入，在满足日常开支之余，还能有资金投入理财。投入理财的资金越多，财富积累增值的效果就越显著。

仍以从 25 岁开始定投，按年化收益率 10% 计算，每年定投金额为 5 万元、4 万元、3 万元、2 万元、1 万元所积累的财富差距，如图 2.4 所示。若从 25 岁开始，每年定投 5 万元，按年化收益率 10% 计算，到 65 岁时积累的财富接近 2 500 万元。但如果每年定投金额减少 1 万元，降到 4 万元，那到 65 岁时积累的财富就下降至 1 947 万元，少了 500 万元。事实上，从图 2.4 中可以看出，每年定投金额每下降1万元，按年化收益率10%计算，到65岁时积累的财富就会相应减少500万元。

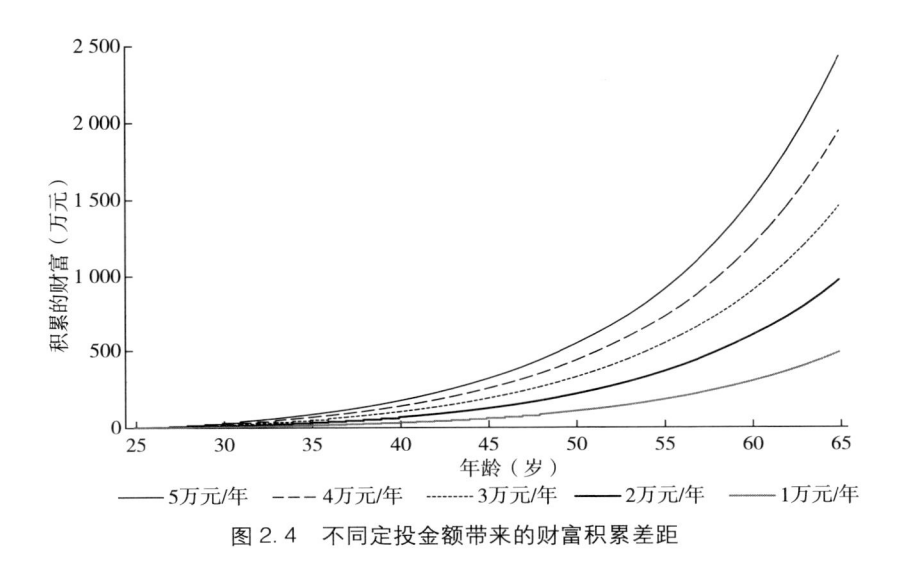

图2.4 不同定投金额带来的财富积累差距

反过来，这也意味着，你若更加努力地工作，每年能多攒1万元进行定投，你在65岁时就能多积累500万元！明白了这个道理，你将更有动力去努力工作。

努力工作，你将获得长期、稳定、丰厚的收入，这是对理财保持稳定投入的前提。为了获得稳定的收入，你需要在工作中具有深厚的专业优势，建立出色的职业口碑，让自己成为所在领域的专家，为所在机构做出卓越的贡献，为身边同事提供不可或缺的帮助与支持。

因此，我建议即将或刚刚踏入职场的年轻人，在找工作时，不要太看重当前的短期收入。你最需要关注的是这份工作、这个平台能带给你的历练，让你在三五年后再去找工作时，个人能体现的价值是多少。因此，你需要努力工作，让自己具有独特的竞争优势和难以替代的价值，这是长期、稳定、丰厚收入的最核心来源。

努力工作的意义，不仅在于应对日常开支，还在于为理财提供更多的本金来源。播更多的种子，才能有更多的收获。

## 财务自由，并不代表躺平

财务自由是一个令人向往的状态：不用工作，通过租金、利息等被动收入，就能应对日常生活的开支。实现了财务自由，你就不再需要去承受内卷带来的压力、加班带来的无奈和出差带来的疲惫。实现了财务自由，你就可以充分享受错峰出行的便利，不再需要早晚高峰通勤，不再需要领导审批才能出去旅游。

这是否意味着财务自由之后，你就可以躺平了呢？当然不是！

财务自由给你的是一个全新的开始，让你更加自由地去绽放人生的价值。在更大的自由度下，你可以更加积极、主动地去践行自己的人生，做更多有意义的事情，用自己的才干和付出祝福更多的人。

### 石头夫妇和"感恩小家"

石头和他的妻子，居住在上海。他们的孩子在出生后，被诊断为癫痫，而且是比较严重的类型。因为带孩子频繁去医院就诊，他们发现在上海的大医院里，有来自全国各地带孩子来就诊的家长。这些孩子身患重疾，比如白血病、骨癌、脑瘤等。这些重病有放疗、化疗、手术等治疗过程，治疗周期长，且治疗费用高昂。石头和妻子发现许多从外地来的父母，因为医院周边的住宿要么价格昂贵，要么卫生条件有限，所以通常就睡在医院的走廊上。而且，这些父母由于异地就医，在医疗费用高、孩子病情重的双重压力下，普遍存在夫妻关系紧张和其他心理问题，而这又给本已饱受重病折磨的孩子带来进一步的伤害。

  石头和妻子因为自己的孩子也需要长期治疗，所以对这些父母的困境感同身受。他们在自己财务并不宽裕的情况下，发起了"感恩小家"。他们在大医院的周边，租了一套比较宽敞的房子，为带孩子来上海就医的外地家长提供临时的住宿。感恩小家干净卫生，设备齐全，冰箱、洗衣机、空调一应俱全，满足了患儿家庭在饮食、住宿等方面的基本生活需求。为了满足病患孩子的特殊饮食需求，感恩小家甚至配备了破壁机、榨汁机等。石头和妻子也组织富有爱心的志愿者，为感恩小家持续提供米、面、油等食物，为入住的家庭提供了一个舒心的居所。

  此外，为了给接受医治的孩子带去快乐，石头和妻子也组织志愿者举办了一系列丰富多彩的节目。孩子们住进小家后，抗癌生活有了很大改观。在每周固定的时间，"孩童学堂"的志愿者老师会带孩子们玩游戏、做手工、听故事、唱歌跳舞。而且，为了缓解父母们的焦虑，石头和妻子也为小家的家长们组织每周"家长会"，在会上，志愿者老师会带着父母们学习如何做好家庭教育、大病管理等，也帮助父母们放松身心，释放紧张的情绪。

因为石头夫妇尽心竭力的付出与辛劳，感恩小家在 3 年时间里已经关爱了近 100 个重病患儿家庭。这些家庭在入住之后，受到了石头夫妇和志愿者们无微不至的关爱。在感恩小家，入住的家庭不仅获得了一个安心生活的地方，更得到了一份爱的滋养，在异地治疗这一条充满艰辛的路上，体会到社会的关爱。

在实现财务自由之前，我们常常会被工作压得喘不过气。实现财务自由之后，我们就能够将注意力放在更大、更广的范围，去关注更多人的需要。财务自由绝对不会是，也不应该是人生奋斗的终点。财务自由是一种极大的祝福，而在财务自由的支持下，我们将在一个更广大的范围，去帮助和祝福更多的人！

# 第 3 章
财富与幸福

年轻人不仅需要理财的意识与勇气，也需要正确的财富观与价值观。因此，在理财之前，我们要先理解幸福的内涵、理财所需要的崇高品格，并学会用管家的心态打理自己的财富。

## 幸福的人生需要经营

幸福是一种令人愉悦、希望长久持续下去的状态和体验。每个人都追求幸福。让自己幸福，让家人幸福，这应该是每个人内心最深的渴望。幸福是多维度的，正因如此，幸福并不是唾手可得的，而是在各个方面都用心经营的成果。

## 什么是幸福？

幸福是多维度的，包含多方面的因素。健康的身体、良好的人际关系、对未来心存美好的盼望等，这些缺一不可。每个人对幸福的定义也许会有差异，此处仅以上述提到的几点为例进行阐述，帮助大家更好地探寻幸福之道。

**健康的身体**

没有人会希望持续处于生病的状态，疾病不属于幸福的范畴。我们的身体但凡有一点儿问题，都会影响我们的生活和工作状态。在高强度的工作下，长时间的熬夜、久坐、缺乏锻炼，会让我们的身体处于透支状态。腰肌劳损、腰椎间盘突出等问题在"办公室族"中广泛存在。更糟糕的是，在工作和生活的双重压力下，许多人会感到焦虑、抑郁，严重的时候会使人丧失正常工作和生活的能力。因此，健康的身体是收获幸福必不可少的。现在人的平均预期寿命接近80岁，若没有健康的身体，那在老后的数十年岁月中，我们都很难感受到幸福。

如何在繁忙的工作中依然保持健康的身体，我有以下几点建议。

第一，避免晚睡，尽量早起。保持充足的睡眠对于身体健康非常必要。但若要延长工作时间，尽量选择早起，而不是晚睡。一系列的研究表明，晚睡容易导致情绪低落，引发抑郁和心血管疾病，而且增加肥胖的概率。早起则有很多好处，比如提升记忆力、改善皮肤、减少负面情绪等。

第二，在办公室放置一些简易的运动装备，比如跳绳、哑铃、弹力带、能挂在门框上的单杠等，这样我们在办公室也可以锻炼。我就通过闲暇时在办公室练练单杠，摆脱了困扰自己多年的腰椎疼痛的问题。

第三，多喝水。多喝水大有好处，不仅促进新陈代谢，而且能增加起身的频率，减少久坐对身体带来的伤害。

**良好的人际关系**

保持良好的人际关系，对于获得幸福至关重要。人际关系紧张是人们压力的主要来源之一，会持续影响人的精神状态。

在工作中，我们与同事有相当长时间的相处。因此，如果与同事的关系紧张，不仅影响团队协作的效率，更会让人深陷精神内耗之中。人际关系紧张带来的冲突也可能使我们失去晋升和增加收入的机会，影响职业的长期发展。与人际关系紧张相关的冷暴力给人带来的不仅有长久挥之不去的愤愤不平，还有愁苦和焦虑。这些负面情绪会使我们的决策偏离客观和理性，进一步降低我们的工作效率。

在工作中维系良好的关系，谦卑是第一要务。高效的合作不是为了强加自己的想法，而是共同推行一个最合理、最高效的方案。因此，我们要保持开放的心态，要在充分理解他人立场与逻辑的前提下，做出深刻的思考和理性的判断。我们要承认自己存在失误的可能性，并通过诚恳的讨论与富有成效的协作，帮助团队，提升自己。

此外，在工作中始终保持严谨对于维系良好的关系也十分有帮助。在团队协作中，你的工作是下一个流程的基础。你的团队成员能否及时高效地完成工作，取决于你手中的工作是否准确无误。读书时我的导师就告诫我，有时我可能只需要多花 10 分钟，确保工作的无误，就会节省合作者数个小时的纠错。相反，若你在工作中成为团队提升效率的瓶颈，影响了其他成员的工作成效，那就难免出现埋怨、指责，并在互相推责中造成关系紧张。

再则，谦让也是保持良好关系的秘诀。有时在竞争中谦让他人，不仅会拉近我们与他人的距离，让对方感受到我们的胸怀与大度，还会为我们今后的发展提供更广阔的空间。

在家里，良好的夫妻关系、亲子关系会使家庭成为幸福的港湾。经历了一天紧张忙碌的工作与通勤之后，回到家中哪怕只是和家人一起吃晚饭、聊天，都会让我们从疲惫中走出来。家庭的温馨能够让我们从工作的压力中得以释放，也能够让我们在工作中心无旁骛，集中精神，没有后顾之忧。

相反，若是夫妻关系紧张，亲子之间常常处于冲突中，那本应成为幸福港湾的家庭反而会成为我们的枷锁，给我们带来无尽的痛苦。家庭成员的关系不仅影响我们当下的生活与工作状态，而且会对孩子产生长久的影响。在温馨的家庭中，父母会成为孩子的好榜样，帮助孩子建立自信，孩子因充满爱而坚强勇敢。但当父母互相指责、埋怨、怒气相向时，孩子就成了不知所措的受伤者，并在恐惧和孤单中失去笑容。

为了维系良好的家庭关系，我们永远不要低估积极主动沟通的巨大力量。哪怕是最亲近的人，也难免会产生误会。冷暴力绝对不是一个可选项，拒绝沟通只会让问题变得更糟，让误解更深，让情绪更差，让伤害更大。夫妻之间，不要含怒到日落。宁愿睡晚一些，也要充分沟通，当天就把问题说清楚。沟通时也不要带着情绪，心平气和的沟通才会有效果。

- 不要推迟对误解的消除。
- 不要推迟对争议的解决。
- 不要推迟对问题的沟通。

而且沟通时，要用爱，而不是靠讲道理。每个人都有自己的想法，但若各持己见，问题就无法解决，沟通就难免变成另一场争吵，久而久之双方就失去了沟通的动力。因此沟通时，我们要珍视每一位家庭成员，要用爱心代替逻辑，用永不止息的爱去超越至暂至轻的怒。

家庭成员之间的沟通不要仅停留在谈事的层面，而要通过深入的沟通了解彼此内心的感受和真实的需求。这样及时的、充满爱的、深入的沟通，能极大帮助家庭成员之间化解误会，把问题控制在萌芽阶段，避免矛盾的积累与激化。

**对未来心存美好的盼望**

幸福不仅受当下境况的影响，也基于对未来的预期。没有盼望的人生也不在幸福的范畴。而且年轻人更有充足的理由对未来有美好的盼望。

首先，年轻人拥有漫长的人生去应对各种挑战和不确定性。不用担心时间不够，不用为过去的抉择而后悔，因为总还有时间去提升，有机会去翻盘。

其次，年轻人有旺盛的精力与思维能力。充沛的体力和聪明才智将帮助年轻人在未来很长的岁月中去解决各个问题，克服种种困难。

最后，年轻人在成长的路上或多或少都能遇到一些引路人和帮助者。一路走来，不同的人出现在他们人生的不同阶段。这些人可能是长辈，可能是同辈，虽然年龄不同，但都像天使一样围绕在身旁，关键的时刻给他们极大的支持。

盼望的力量是巨大的，盼望能帮助你抵御消极负面的情绪，让你从低迷和消沉中走出来，去思考解决问题的方法，并最终收获一次又一次的成长。对未来的盼望能帮助你充满信心地迎接当下的挑战，因为你心里总是装着积极正面的想法。

保持盼望需要操练。人生不如意事十之八九，但患难生忍耐，忍耐生老练，老练生盼望。每一次经历困难，都是锻炼自己对未来心存盼望。困难的时候，可以失望，但不要丧志，不要失去前进的动力。相信自己，坚持到底！用坚强和忍耐挺过一次次的艰难，经历得多了，不仅积累了人生阅历，也锻炼了自己生命的韧性，相信自己没有什么坎儿是过不去的，没有什么问题是解决不了的。

即使身处困境，也不要被负面情绪所辖制。大多数人对负面信息更加敏感，并因此产生强烈的情绪，不经意间就会焦虑、担忧和恐惧。此时就需要想象美好，而不是任凭大脑去想象事情会朝不好的方向发展。对未来美好事物的不断想象，能够让我们立刻重拾力量，勇敢向前，用积极对抗消极，用盼望抵御失望。

## 幸福需要经营

健康的身体、和睦的人际关系和对未来心存盼望，这三者对幸福而言，是什么关系呢？在我看来，幸福取决于你在这三项里所得的最低分。这就好比一台电脑，想要发挥出色的性能，就必须配备性能优秀的硬盘、CPU 和主板。任何一个环节出了问题，速率降低，那么整台电脑的运行效率就会被这一个环节给制约住。对幸福而言，这三者的关系也是如此。若我们在这三项中有任何一项表现不佳，我们都不会感到幸福。因此，幸福需要经营，我们需要在各个方面都投入时间和精力，以提升自己的幸福感。

在身体健康方面，我们需要有意识地养成良好的作息习惯，早睡早起，并精心挑选健康的食材。培养一些有利于身体健康的微习惯，比如每天压压腿，伸伸腰，睡前做做平板支撑，这些不会花费太多时间和精力，长期坚持下来，就能以水滴石穿的方式帮助你激发身体的活力。

在工作中，我们需要持之以恒地提升自己的专业性，持续学习，用专注、严谨及崇高的职业操守，为团队成员助力，成就更好的自己。

在夫妻关系中，陪伴是非常重要的。若是缺乏陪伴，日子长了，夫妻关系也就淡了，沟通就会不再顺畅，误解会增加。不要指望一个礼物、一个红包能替代你的陪伴，不要期待金钱物质能替代真情实感。夫妻关系的稳固与历久弥新，归根到底是基于夫妻的互动。若夫妻之间缺乏互动，关系的基石也就松动了。

在亲子关系中，陪伴同样重要。孩子的安全感来自父母的爱。若缺乏父母的陪伴，孩子看似独立，也许那恰恰是因为缺乏安全感而产生的自我保护，这对孩子的情绪管理、人际交往及个人成长都会带来负面的影响。现在很多家长因为忙碌，就给孩子一个平板电脑或手机打发时间，但电子产品对孩子注意力的破坏是巨大的，而且孩子们通过网络接触到的信息有许多是不健康的，从小接触这些信息对孩子的心理也会带来不可逆的冲击。

所以，我们需要有意识地将时间分配给家庭。比如，坚持回家吃晚饭，周末至少有一天陪伴家人。而且，陪伴也需要专注。不要身体在陪伴，但脑子却在家庭以外，那样的陪伴是没有质量和效果的。比如，和家人在一起的时候就把手机放在一边，不要再被工作吸引。又比如，在做计划时兼顾家庭与工作，不要光顾着工作，忽视了家庭。遇到工作中的突发情况与家庭计划相冲突时，要及时与家人沟通。再比如，对家人要一诺千金。答应了的事情，就要说到做到，不要对家人迟到、爽约，不要因为是家人就随意对待。相反，正因为是家人，所以要格外重视，表达足够的尊重和爱心。

对未来心存盼望，也需要我们反复操练。在职业发展上，我们要用心思考，找到自己的长处，识别出当前社会的发展机遇，勇于尝试，找对方向，因为方向比努力更重要。所以，我们要找到最适合自己发展的领域，全情投入。对未来充满盼望也需要我们持之以恒地努力。不耕耘，就不能预期有收获，自然对未来就没有盼望。遇到困难很正常，但不要气馁，凡事耐心一些，慢一点往往是好的，稳比快更重要。人有盼望，就有力量！

## 金钱，能买到幸福吗？

当我们明白幸福的真谛，我们就会自然而然地理解，金钱并不能买来幸福。

毫无疑问，缺衣少食也不是幸福的状态。连温饱都无法满足的生活，不仅影响身体健康，也容易让人陷入焦虑和痛苦。人们对美好生活的向往离不开必要的物质基础。因此，幸福需要一定的金钱作为保障和支撑。

具体需要多少钱，则取决于我们实际的生活需要。仔细想来，生活并不复杂。只要一家人在一起，简单的生活也能充满乐趣和温馨。因此，幸福并不要求拥有许多钱才能获得。小时候，如果能买一袋字母饼干，去游乐场玩一天，很多人就已经觉得十分幸福。那个时候，生活是简单的，幸福是容易的。

但随着物质条件越来越好，人们对物质的需求或多或少会受到身边人的影响。人们可能不经意间正在用别人的生活来定义自己的幸福，并将工作中的竞争状态延续到生活中。本应让人感到松弛的生活成为另一个攀比、催人上进的场所。这也导致许多人对财富的追求已经超过了实际生活的需要，给自己和家人增添了不必要的压力与苦楚。这样即使财富增加了，但内心总是感觉在财富上是匮乏的，反而使人离幸福越来越远。

因此，尽管财富能帮助人们过上更好的物质生活，但物质上的丰富与幸福还是相去甚远。比如，钱能买药，但买不来健康；钱能买来山珍海味，但买不来好胃口；钱能买来豪宅，但买不来温馨的家庭；钱能建立大型企业，但买不来和睦的人际关系；钱能满足人们当下的物质需求，但并不能直接带来对未来的盼望。

金钱也替代不了真心的付出和充满爱的陪伴。在幸福面前，金钱的作用是有限的。因此，我们需要正确认识财富的作用，千万不要寄希望于单单用钱就能给自己或家人带来幸福。尽管财富本身并不能直接带来幸福，但财富管理对于提升幸福是至关重要的。如果你从年轻的时候就开始做科学合理的财富管理，你将为自己和家人预备充足的财务保障，这会让你对未来充满盼望。你知道自己和家人是老有所依的，你也知道自己能够给孩子的教育与成长提供充足的支持。对未来心存美好的盼望能够让你在想到未来时不是焦虑，而是喜乐、充满信心。我们将在接下来的内容中介绍如何通过科学合理的财富管理来提升幸福感。

## 金钱是幸福的工具，而不是目标

诚然，我们每天都要应对各种开支，需要为生活奔波劳碌。许多人每天超负荷工作，身心俱疲，也无法停歇。我们需要金钱，但并不代表金钱应当成为人生唯一的目标。有些人将金钱当成人生唯一的目标，达到目标后又不断设立新的目标，循环反复。金钱非但没有让人满足，反而让人因为不断设立的新目标而越发不满足，甚至产生更大的焦虑。而且，当财富日益增加后，人们进一步获得财富的机会会更多，外部的诱惑也会更多，这就引发了人们对财富无休止的追求。

若将财富当成人生唯一的目标，会导致以下三种严重的后果。

## 过度冒险

若将金钱作为人生唯一的目标，将个人的价值建立在所积累的财富之上，那在利益的驱使下，人们很容易偏离理性，去承担超越自身承受范围的风险，以博取不切实际的高收益。放眼全球、纵观历史，无论是企业还是个人，因为逐利选择铤而走险，最终走向堕落、犯罪，跌入万劫不复之深渊的例子比比皆是。

我见过好些朋友，在理财的过程中，因为过度冒险，导致十分糟糕的后果。一位朋友，自2016年开始重仓一只股票。他十分看好这只股票，坚信通过对这只股票的投资，能获取极大的收益。但事与愿违，他刚买入后没多久，这只股票的价格就不断下跌。这位朋友为了摊薄买入的成本，不断加大投入，刚开始只是投入自己的积蓄，后来又把家人的钱也投进去了。但后来这只股票一路下跌，最多时亏了50%。现在8年多过去了，依然浮亏30%多。他不得不面对家人的埋怨，自己也承受很大的压力与内心的煎熬。

人们为了快速积累财富，做决定时有可能会过度冒险。上面的例子中，投资者重仓单一股票导致风险聚集，因为过度冒险的行为而遭受巨大亏损，内心也承受极大的压力。

## 破坏人际关系

人们陷入对金钱的一味追求时，功名利禄成为一切行为的唯一目标，必然会忽视亲情、友情和爱情。在人际交往中，用利益交换代替真诚相待，在家庭生活中，用忘我的工作代替对家人的陪伴，这样的人生毫无幸福可言。

### 巴菲特的妻子为何毅然决然离他而去？[1]

巴菲特的一生，从财富层面来看，无疑是辉煌的。但他也为

---

[1] 艾丽斯·施罗德. 滚雪球 [M]. 覃扬眉，等译. 北京：中信出版社，2018.

此付出了沉重的代价——他年少时所爱慕追求的结发妻子，在与他结婚 25 年之后，因为他长期只顾工作，追求财富，忽视对家人的陪伴和付出，毅然决定离开他。

1950 年，巴菲特 20 岁。那一年的夏天，在姐姐的安排下，他与苏珊有了第一次见面。巴菲特一见到苏珊，就立刻被她吸引了。他曾回忆道："我被她迷住了。"那时苏珊已经有心仪的对象——米尔顿。因此尽管巴菲特经常去找苏珊，但总是碰壁，这也令他十分沮丧。但苏珊的父亲十分反对苏珊与米尔顿交往，认为两人并不般配。在父亲的万般阻挠下，苏珊不得不离开米尔顿。到 1951 年秋天，苏珊终于答应与巴菲特交往。两人于 1952 年 4 月结婚。苏珊对巴菲特的影响是巨大的。当谈及两人的婚姻时，巴菲特说："她让我重获新生。"在很长一段时间里，苏珊倾心照顾巴菲特和三个孩子，并全力配合巴菲特充满野心的工作状态。巴菲特对财富和成功的追求，使他在照顾孩子和分担家务方面没有任何用处。他在 26 岁时，就已经完全沉浸在如何尽快赚取更多财富、早日成为百万富翁的目标中。到 30 岁时，他已经实现了这个目标。但他并没有停止，也从来没有停止的打算。他依然全身心投入工作，不断追逐一个又一个投资标的以赚更多钱。苏珊看起来就像一位单亲妈妈。巴菲特和苏珊在金钱的使用上也有很大的分歧。巴菲特把钱当作赚更多钱的工具，因此即使他已经十分富有了，但依然十分节俭。苏珊则希望尽可能用钱去帮助更多人。虽然巴菲特十分爱苏珊，但他依然会因为给苏珊多少零用钱而与她进行激烈的争论。他们甚至会因为对钱的争执陷入没完没了的拉锯战。

到 1966 年，巴菲特的资产达到 900 万美元，他们已经非常富有。苏珊一直期盼着巴菲特能够就此打住，放弃工作，从而更多地关心自己和孩子。她认为巴菲特对金钱的痴迷是很不值得的。苏珊不断努力地劝说巴菲特回归家庭，但随着巴菲特可支配的金钱越来越多，他的投资机会也越来越多。他不仅没有放慢脚步，反而变得更加忙碌，即使他的身体反复生病，甚至卧床不起，也没有放缓工作节奏。到 1969 年，巴菲特的资产达到了 1 600 万美元。而此时，巴菲特已经开始了新的事业征程——经营伯克希尔-哈撒韦，并将其打造成一家多元化经营的控股公司。这也意味着，巴菲特比以前对工作的投入更多了。尽管巴菲特积累的财富如同火箭一般快速上升，但在苏珊眼里，他就是一座"冰山"。

到了 20 世纪 70 年代，巴菲特已经成为美国知名度很高的富翁，并担任《华盛顿邮报》的独立董事。他到处奔波，参加各种著名晚宴、名流聚会，对与上流社会打交道充满了热情和兴趣。而与此同时，他的孩子们已经陆续长大，离开家去读大学。曾经充满吵闹声的家，如今显得十分安静。大多数晚上，苏珊都是一个人待着，聆听音乐，消磨时光。巴菲特和苏珊相当于过着分居的生活。在巴菲特的资产已经达到 5 000 万美元时，苏珊问巴菲特："你为什么不退休呢？"巴菲特非但没有退休，反而全速前进，奔向更高的目标。他坚信，他现在拥有的 5 000 万美元，将来会变成 5 亿美元。

苏珊后来在访谈中说过，她和巴菲特的关系并没有破裂，只是他们就像两条平行线一样，永远无法相交。

1977 年夏天，巴菲特依旧没日没夜地工作和社交。这一年，巴菲特的资产已经高达 7 200 万美元。但此时，苏珊的状态越来越糟糕。她已经在巴菲特身上看不到希望，她向朋友倾诉她的婚姻问题。她和巴菲特说了要搬到旧金山去住的想法，巴菲特同意了。在巴菲特看来，他常年不在家，因此苏珊搬去哪里住并不会改变他们之间的关系。但之后他发现，苏珊并不是简单地想改变一下，而是就此离开了他。他即使每天哭泣着和苏珊打电话，苏珊也没有再回到他身边和他一起生活。那位他爱慕的、深远影响了他、为他抚育了三个孩子、共同生活了 25 年的妻子，毅然决然地离开了他。

巴菲特曾经在回忆录中提到："这是可以避免的，这本来就不该发生，这是我所犯过的最大的过错。"

## 身心全面透支

一味地追求财富，让人很难做到家庭、工作、健康的平衡。一味地追求财富，往往会超负荷工作，这会带来睡眠的长期缺乏和饮食的不规律，对身体带来不可逆转的伤害，而且因此带来的人际关系破坏终究会使人更加孤独与空虚。因此，一味地追求财富，会给人的身心带来双重伤害。

有一天晚上，我从学校下课后，乘网约车回家。司机师傅特别年轻，而且很瘦。我问他每天工作多长时间。他告诉我，他每天早上 6 点多出门，夜里 12 点下班。因为是电动汽车，所以下班后还要去给车充电，差不多夜里 1 点才能回到家躺下休息。这样算下来，他每天的睡眠时间都不到6个小时。因为睡眠严重不足和饮食不规律，来北京开网约车才半年时间，他就已经瘦了20斤。我惊讶于他的工作强度，就问他为什么要这么拼。他说一年前做生意，为了挣一笔大的，一次借钱进了很多货。但没想到后来销售受阻，货全压在自己手里了。低价抛售完之后，他不仅血本无归，还欠了50万元。开网约车十分辛苦，竞争也激烈。他现在如此高强度地拼命工作，为的就是多挣些钱，早日还清债务。但即使按现在的工作强度换取的收入，他依然要花费5年左右的时间才能偿还所有债务。

听完后，我为他感到满心忧伤和遗憾。那辆车，对他来说，就像一座监狱一样，他要在里面待整整5年。我很难想象这位年轻的司机师傅，按这样的强度，是否能坚持工作5年。他还那么年轻，经过这5年，他的身心会变成什么样？他会不会因为对收入的追求而失去健康，不但没清偿债务，还遭受心灵的垮塌？

读到这里，请你花一分钟的时间，审视你自己在积累财富、追求成功的过程中所做的决定和行为：

- 你是否因为对金钱利益的追求，正在冒过大的风险？
- 你是否因为对功名利禄的执着，正在冷落亲人与朋友？
- 你是否因为对收入地位的渴望，正在透支身体与心灵？

如果你觉得自己有上述情况，那么你需要思考，是什么导致你出现现在的局面。年轻人，千万不要因为过于追求财富、地位和成功而失去内心的平安与喜乐，忽视生命中更为宝贵的亲情、爱情、友情，以及健康。

**金钱，如何让我们更幸福？**

我们终此一生，积累财富的意义到底是什么？对于这个问题，我们在积累财富之前，就要有深刻的思考。

当我们看自己银行账户或理财账户里的财富时，看到的往往是一个个数字。这些数字当然有价值，能用于交易，应对生活开支。但财富的意义不仅在于满足我们的物质需求，更在于以下两个方面。

- **财富的社会性**——财富应当让社会变得更加美好。财富不是炫耀自己的工具，而是祝福他人的管道。财富不应被用来构建奢华以满足自己，而是应当给家庭乃至社会带去美好。人们积累了财富之后，不应沉浸在对财富的陶醉中，而应想到能力越大，责任就越大，应当积极体察身边人的需要，积极思考如何能使用自己的财富帮助更多的人。
- **财富的道德性**——财富应当让自己变得更加高尚。财富不是使人骄傲、狂妄的资本，而是让人更懂得感恩、谦逊、大度与慷慨的土壤，孕育崇高的人格，闪耀璀璨的光芒。财富的积累，不是滋生贪婪的温床，而是让人更懂得对一路走来所获得的帮助与支持感恩，并积极回馈，传递爱心。

## 洛克菲勒的慈善人生

约翰·戴维森·洛克菲勒在18世纪初就积累了10亿美元财富。洛克菲勒的前半生致力于建立一个庞大的石油帝国。他不到60岁就退休,并在此后长期从事慈善事业。他不仅是一位成功的商人,还是一位杰出的慈善家。他具有强烈的道德意识,深刻认识到财富的社会性,因此对慈善事业亲力亲为,投入了前所未有的资源、时间和精力。

在高等教育方面,他创建了芝加哥大学,并在10年内把它变成了世界领先的大学之一。1890年,他第一次为芝加哥大学捐赠了60万美元,在他的一生中,总共为芝加哥大学捐赠了3 500万美元,帮助这所新兴学校迅速跻身世界领先的大学,诞生了超过100位诺贝尔奖得主。

在基础教育方面,他大力推动全美范围内的教育事业,不区分性别、种族和信仰。1902年,他创建了通识教育委员会,致力于改善美国南方白人和黑人的农村教育,提升农业的现代化水平,并通过努力根除钩虫以改善公共卫生。通识教育委员会在美国南方帮助建立了数百所公立高中,促进了高等教育机构的发展,并为教师的培训工作提供支持。

在医学领域,洛克菲勒帮助开启了生物医学研究领域,对有关脑膜炎和黄热病等疫苗的科学研究提供了资助。1901年,他成立了洛克菲勒医学研究所。今天,它被称为洛克菲勒大学,是世界上领先的生物医学研究中心之一。24位诺贝尔奖得主曾在该机构任职。

在公共卫生领域，他在约翰斯·霍普金斯大学和哈佛大学分别建立了公共卫生学院。他总共花费了 2 500 万美元在全球几十所大学引入公共卫生项目。他彻底改变了美国的医学培训。

在国际范围内，洛克菲勒帮助开启了针对钩虫、疟疾、黄热病和其他疾病的重大国际公共卫生项目。从 1913 年开始，洛克菲勒资助的打击钩虫的运动被推广到全球。随后不久，在洛克菲勒资助的国际健康委员会的支持下，针对疟疾、猩红热、结核病和斑疹伤寒也开展了类似项目。此外，洛克菲勒对中国特别感兴趣，他创建的美国中华医学基金会（China Medical Board）资助创立了北京协和医学院。

洛克菲勒在 1937 年 97 岁去世之前捐赠了 5.4 亿美元，相当于现在的 1 500 亿美元！这笔钱帮助创建了两所世界上最伟大的研究型大学，帮助美国南部摆脱了长期贫困，启动了医学研究，并极大地改善了全球范围内人们的健康状况。

洛克菲勒不仅致力于慈善，而且彻底改变了慈善事业的结构。他在从事慈善时，坚定地秉持"授人以鱼，不如授人以渔"的原则。他认为，简单的施舍并不能真正改善救助对象的生活，应该通过捐助教育机构、医院等，为社会长期培养高素质人才和医疗人才，从而帮助更多人获得受教育的机会，不断提高医疗水平。洛克菲勒后半生将过半的财富都用于慈善事业，对全球产生了深远影响，延续百年。

洛克菲勒坚信"施比受更有福"。他通过慷慨的捐赠，不仅惠及大众，也对他的后代产生了十分积极的影响。洛克菲勒家族的财富传承百年，无一人争产。他们秉持洛克菲勒的慈善精神与财富观，积极投身社会公益事业，时至今日，依然在世界不同的地方发光发热，产生积极正面的影响。因此，洛克菲勒家族不仅将财富传承了百年，更将这样的慈善精神与财富观传承了百年。

虽然只有少数人能像洛克菲勒那样有大量财富去从事宏大的慈善事业，但这并不妨碍我们从他身上学习正确的财富观，并尽自己所能去帮助与影响他人。当你的财富逐渐积累起来，你能否因为财富的增加，更懂得感恩，更谦逊待人，更慷慨相助？我们每一天都在和身边的人打交道，通过互联网平台与社会相连接。你要相信，你所支配的财富，除了可以满足自身的物质需要，还能为他人提供帮助，让这个社会变得更加温暖，更加美好，这对你积累财富也更有帮助。

**拥有崇高的品德才能接得住财富的馈赠**

崇高的品德是承受财富所带来祝福的关键。若没有崇高的品德作为基石，财富就容易助长人的贪婪，带来空虚，使人变得狂妄、狭隘和吝啬，由此破坏人际关系，财富也终会因为炫耀、挥霍、过度冒险等行为而烟消云散。唯有崇高的品德能使人真正承受财富带来的幸福，真正彰显财富的意义——通过财富去帮助更多的人。

然而崇高的品德不是与生俱来的，它需要后天主动的、深刻的感悟，也需要在日常生活中进行培养。崇高的品德，包含感恩、谦逊、宽容、慷慨，也包括仁爱、诚信、温柔、耐心，能保持平和喜乐，对未来充满期望并拥有信心与勇气去面对各种各样的挑战。其中最重要的是由内而发的爱心——对家人、朋友、同事、伙伴、社会的爱，使人能正确地看待财富，使用财富。

崇高品德的培养非常重要，而且其在财富积累当中的重要性要远超知识的积累与能力的提升。对崇高品德的培养需要早于积累财富，并贯穿始终。

## 理财是马拉松，不是冲刺跑

我们继续以每年定投 5 万元、10% 的年化收益率为例，按这样的理财计划，用 40 年的时间可以积累一笔 3 000 万元左右的财富。这听起来十分吸引人，但问题是：你能坚持 40 年吗？

虽然按照这个理财计划，40 年能积累 3 000 万元左右的财富，但在第一个 10 年，即 26~35 岁，积累的财富也不到 88 万元，不到 3 000 万元的 1/30。从实际积累的财富与财富目标的对比来看，花了 10 年时间，却只是走了很小的一步。

理财的头 10 年，恰恰是你刚开始工作、事业发展的初期，因此你的收入不会太多，而要每年攒下这 5 万元，并不容易，也会让你十分辛苦。但这样辛苦 10 年，所积累的财富与财务自由的目标依然相去甚远。按这个速度，何时是个头？你会不会因为花费了 10 年时间却只走了这么一小步，对这个理财计划失去信心？你会不会因为失去了信心，中止这个理财计划？

实际上，头 10 年积累的 88 万元，意义非凡。首先，能在 35 岁积累将近 90 万元，本身就是一件很了不起的事情。其次，这 88 万元为后面 30 年的财富积累打下坚实的基础。没有这 88 万元的财富积累，后面的财富增值也就无从谈起了。

初始阶段，因为积累的财富不多，所以投资收益相对较少，财富增值得相对较慢。但随着财富的逐渐积累，可用于投资的本金不断上升，通过管理财富所获得的收益就逐步上升，这会加快财富积累的速度。

仍以前文每年定投 5 万元的理财计划为例，积累第一个 100 万元，需要 11 年；积累第二个 100 万元，时间就会减半，仅需要 5 年；积累第三个 100 万元，时间会再减半，仅需要 2 年左右。

财富积累速度的不断加快还可以从每一个 10 年所积累的财富看出来，如表 3.1 所示。虽然 26~35 岁仅积累了 88 万元，但 36~45 岁积累的财富就会到 227 万元，46~55 岁积累的财富会到 590 万元，56~65 岁积累的财富超过 1 500 万元。

表 3.1 每一个 10 年积累的财富

| 年龄段（岁） | 积累的财富（万元） |
| --- | --- |
| 26~35 | 88 |
| 36~45 | 227 |
| 46~55 | 590 |
| 56~65 | 1 530 |

正如爱因斯坦所说，"复利是宇宙中最强大的力量"，但通过

上述分析也能看出，复利发挥力量需要时间。短期内，复利这一强大的力量，也只能带来有限的财富积累。但假以时日，复利就会产生巨大的效力，财富积累的速度也会明显加快。因此，财富积累是一个特别需要耐心的过程。

年轻人刚参加工作，收入并不高，能存下来的钱也是有限的，这在客观上减缓了早期财富积累的速度。但不要因此而气馁，你现在所攒的每一分钱，经过长年累月的增值，都会成为今后财富的重要组成部分，会对你一生的财富积累产生极其重要的影响。

**财富的积累需要时间的沉淀**

接下来，我们通过财富积累公式，来进一步说明要怎么做才能更好地积累财富。实际上，如何计算未来积累的财富，如何建立对未来财富积累的预期，如何才能积累更多的财富，都能从财富积累公式得到。

$$T 岁时的财富 = \sum_{t=t_0}^{T} 投资_t \times (1+R)^{T-t}$$

其中：$t_0$ 指开始做财富管理的年龄，投资$_t$ 指在第 t 岁时的投资金额，$R$ 指投资回报率。

这个财富积累公式的含义是，我们 T 岁时的财富，等于从 $t_0$ 岁开始理财，每年投入的金额按投资回报率 $R$，利滚利，到 T 岁时的金额汇总。

这个公式说明了财富积累的过程中时间的重要性。事实上，时间是财富积累的最重要的因素之一。通过有效的财富管理，时间可以成为我们的朋友。从以上公式可以看出，越早开始进行财富管理且时间越长，积累的财富就越多。

年轻人需要尽早开始积累并管理自己的财富，让钱生钱，使财富进入不断增值的过程。因此，从拿到第一笔工资开始，你就可以留下一部分用来投资理财。不管钱多钱少，哪怕就只有100元也是好的，因为这标志着一个开始，对于一生的财富积累具有决定性的意义。

此外，开始进行财富管理之后，就需要持之以恒，不要间断，不要让你的财富积累停止！

**做好财富的规划，坚定理财的信念**

好的开始是成功的一半，但也只是一半而已，另一半就需要在实践中坚持、不放弃。有太多因素会导致财富增值中途停止。比如，突如其来的大开支，让人们不得不将钱从财富管理计划中抽出；比如，股票市场的大幅波动让人心生恐惧，以致不敢再继续投资；比如，生病以致身体状况恶化，无法继续进行财富管理。一旦停止，重启就会困难重重，无论是重新积累对投资的信心，还是积攒用于财富管理的资金，都需要耗费大量的时间，并进行心理建设。

因此，为了管理好财富，让财富持续增值，大家从一开始就需要做好规划，保持平常心，积极锻炼，规律作息，拥有健康的身体，让自己得以在长时间内管好自己的财富，让财富的雪球得以持续滚动。

巴菲特的人生，很好地诠释了时间对于财富积累所具有的非凡意义。巴菲特出生于1930年，他的传记《滚雪球》也恰如其分地说明，巴菲特的财富积累就是一个不断滚雪球的过程。他从6岁开始通过干零活攒钱，至1942年攒下了人生的第一个100美元。那年春天，他花了114.75美元买了人生第一只股票，那时他还不到12岁。第一次投资股票他就赚了5美元。有了这次投资经历后，巴菲特决心将以后打工赚的钱都投入股票市场，让财富不断增值。巴菲特在不满12岁时，就有了通过财富管理获取投资收益、使财富增值的想法，这一想法也一直延续至今。

正因为巴菲特很早就懂得通过投资使财富增值，因此他的财富积累比大多数人都要早，这对他后来的财富积累产生了巨大的影响，他在不同年龄所取得的财富如表3.2所示。

表3.2 巴菲特早年的财富积累

| 年份 | | 财富（美元） |
| --- | --- | --- |
| 1930 | 出生 | 0 |
| 1950 | 进入哥伦比亚大学攻读硕士 | 9 803.7 |
| 1951 | | 19 738.0 |
| 1954 | 进入本杰明·格雷厄姆的公司工作 | 35 000.0 |

续表

| 年份 | | 财富（美元） |
|---|---|---|
| 1956 | 格雷厄姆退休，开始合伙投资，管理资产50万美元 | 174 000.0 |
| 1957 | | 257 085.0 |
| 1960 | | 1 000 000.0 |

资料来源：艾丽斯·施罗德. 滚雪球[M]. 覃扬眉，等译. 北京：中信出版社，2018。

如表3.2所示，巴菲特在1950年20岁的时候，就已经攒下了近1万美元。那时他刚被哥伦比亚大学录取，开始攻读硕士。那时他将这1万美元全部投入股票市场，一年之后，他持有的股票价格翻倍，财富上升到了近2万美元。他22岁结婚，24岁开始在老师本杰明·格雷厄姆的公司工作，格雷厄姆被称为"价值投资之父"。那时巴菲特积累的财富已经上升到了3.5万美元。两年后，巴菲特26岁时，他的老师决定退休，而他此时的财富已经上升至17.4万美元。他决定回到家乡，给亲戚朋友管钱，以此获得收益分成。一年之后，他的财富上升至25.7万美元。到1958年，他管理的资金规模突破100万美元。到1960年，巴菲特30岁时，他积累的财富达到了100万美元。这是他人生的第一个100万美元。

积累到100万美元后，巴菲特的财富积累速度越来越快。尽管他从6岁开始，积累第一个100万美元用了24年，但积累第二个100万美元，他只用了两年。他在获得第一个100万美元之后的第7年，也就是37岁时，就成了千万富豪。

巴菲特对获取财富有一种极强的信念与信心，这使他很早就致力于财富的积累与增值，并坚定不移地做下去。我们可能很难复制巴菲特的投资能力，但他用极大的耐心持续去管理财富、投资理财、让财富增值的人生经历，对我们非常有启发意义。

因此，年轻人在积累财富的漫长岁月中，特别是在财富积累的初期，一定不要着急，沉住气，活在当下，努力向前！

**永远做好收益与风险的平衡**

收益与风险的平衡，是决定理财能否持续的重要因素。理财时，收益率决定了财富积累的速度：收益率越高，财富积累自然越快。然而，风险与收益成正比，这是财富增值的一条基本法则。

如果你要求的收益率越高，那么需要承担的风险就越大，而这会带来相当大的心理压力。一些人在理财时心态十分激进，期望通过承担一个非常高的风险，获取一个不切实际的高收益，比如，通过加杠杆去做高风险投资，追逐市场热点，这是十分不可取的。一方面，如果冒很大的风险，就会导致收益波动太大，就像坐过山车一样，财富管理的体验会很差；另一方面，过高的风险会增加遇到大幅亏损的可能性，这对财富积累的效果会产生非常大的影响。财富积累本质上是一个滚雪球的过程，为了让雪球越滚越大，你需要特别注意别让雪球滚到坑里，否则前期的辛苦付出都会功亏一篑。

反之，如果你不想承受风险，不希望承受大的波动，那么你大概率只能获得一个较低的收益率，甚至跑不赢通货膨胀，导致财富积累收效甚微。这也会降低财富积累的速度，实现财务自由所需要的时间就更长，难度也更大。

因此，你在管理财富时，需要在收益与风险之间取得一个比较好的平衡，比如收益率达到10%左右时，风险是可控的，过程中的波动（比如回撤率为15%~20%）是自己能承受的。这样既使财富积累保持一定的速度，又能让自己内心平静、安稳，财富管理计划也能更好地持续下去。

总而言之，财富管理是一场马拉松，不是冲刺跑。财富积累是一个伴随一生的过程，甚至会通过家族传承而延续百年。因此，进行财富管理需要极致的耐心并保持一颗平常心。不要因为遭遇挫折而停滞不前，不要因为岁月蹉跎而失去希望，不要因为错失机会而耿耿于怀。财富积累不是强调速度的冲刺跑，而是一场考验耐力、需要智慧的马拉松。财富积累刚开始时慢一点，或者在过程中遇到波折，都没关系，只要按正确的财富管理方式，秉持正确的财富观，持之以恒，坚持到底，就一定能获得财富并从中收获满满的祝福！

## 做金钱的"管家"，不再为钱焦虑

中国人有句古话："钱财乃身外之物，生不带来，死不带去。"这句话虽然简单，但是非常精辟地说出了人与财富的关系。我们降生时赤身从母腹而出，离世时也带不走任何财富。我们一生的财富积累，与其说是属于我们的，不如说是暂时记在我们名下，交由我们来管理的。

当我们离开这个世界时，我们曾经拥有的财富，终究要离开我们，归于他人。因此，没有人能真正拥有财富——我们只是财富暂时的管家。我们所有的财富，代表的是对我们的信任与托付。我们需要做的，就是以管家的心态，合理支配和管理好这些财富，让这些财富能发挥更大的功效，祝福更多人。

## 做金钱的"管家"，更合理地使用金钱

用管家的心态去管理财富，是用一种极具智慧的心态面对财富。古话说，"富不过三代"。为何富贵无法长久传承下去，往往三代就终结了呢？其根本原因就在于，当人们把财富当成是自己的，做了财富的主人，就不可避免地将财富的支配与个人的欲望联系在一起。比如，将财富当作炫耀的工具，将财富等同于个人的价值与成就，因此常以挥金如土的方式去炫耀自己。这本质上是将个人的安全感过度依托于外在的物质，表面光鲜亮丽，但内心常常是空虚、毫无安全感的。奢靡的消费方式必然会导致财富在未来被挥霍殆尽。

而且，有的人由于过度自信或者贪婪，会偏离理性，去冒极大的风险，以博取不切实际的收益。放眼全球、纵观历史，无论是企业还是个人，因为一次极端的冒险，最终财富被清空、跌入深渊的例子比比皆是。

**胡雪岩商业帝国的坍塌**

胡雪岩，出生于1823年，幼年生活十分贫穷，以放牛为生。

后来在钱庄当学徒，因为聪明好学，手脚麻利，深受老板器重。老板过世后，将产业赠与他，他终于有了属于自己的钱庄，并由此开始了波澜壮阔的商业旅程，缔造了一个遍布全国各地，包含银号、典当行的庞大商业帝国，成为当时中国最富有的商人。但他的商业帝国在他60岁之时，因为一个极其冒险、押上全部家产的赌注，一夜之间轰然倒塌。

1882年，为了打破洋人对生丝产业的垄断，胡雪岩开始斥巨资，大量买入生丝。他想通过垄断生丝，迫使洋人从他手里高价买入生丝，从而获取高额利润。同时，他获悉当年西欧大旱，生丝产量大幅减少，因此他认为自己稳操胜券。他当时的资产高达3 000万两白银。他拿出其中一大半来收购生丝，这是胡雪岩一生中最冒险的一次投资。

正如胡雪岩所料，西欧国家生丝产量受干旱影响歉收，洋人被迫向胡雪岩高价求购生丝。他对洋人的报价并不满意，要求提价20%。但洋人并不同意，双方陷入僵持。对洋人而言，生丝是重要的生产原料，没有生丝就不能开工，生产就被迫停止，产出就受到极大影响。因此，洋人也承受巨大的压力。

到了第二年，就在洋人撑不住快要妥协之时，中法战争爆发，老百姓纷纷把钱从银号取出来，金融系统出现了挤兑危机。胡雪岩作为银号的老板，突然要应对巨量的兑付要求，但他的钱都押在生丝上，只能开始低价出售生丝，回笼资金来应对百姓的提款。更糟糕的是，因为洋人迟迟不同意买入，放在仓库中的生丝已经开始发黄变质。雪上加霜的是，在和胡雪岩僵持了一年之后，洋人得到一个重大利好：欧洲各国的生丝产量获得大丰收，不再需要向胡雪岩高价求购生丝。生丝的价格一落千丈，胡雪岩不得不低价抛售积压在自己手里的生丝，损失惨重，血本无归。

当时的老百姓得知胡雪岩因生丝而损失惨重后，都担心自己放在胡雪岩银号的钱不保险，纷纷前来银号取钱，加剧了挤兑潮。即使后来胡雪岩拿出自己的房契、地契，也没有挡住挤兑潮，因此欠下了巨额债务。他经营多年的商业帝国、积累的千万两白银，顷刻间就化为乌有。

胡雪岩倾家荡产之后，带着家人离开曾经修建的亭台楼阁，搬到杭州城外的郊区居住，生活十分清贫。1885 年，胡雪岩在生丝大战失败后没多久就遗憾离世。

胡雪岩的一生，是勇于进取、商业报国的一生，是有过无上光荣、飞黄腾达的一生。但胡雪岩一生积累的财富，却因为最后一次的投资失败而顷刻归零，实在令人唏嘘。

很多年轻人说："我挣的钱，想怎么用就怎么用。"我自己也曾因为一些消费行为被长辈批评。但当我开始用一种管家的心态去看待财富时，我用财富去满足自身欲望的冲动就会减少很多，我对财富的使用会更加慎重，思考也更加长远。因为，我深知这些财富只是暂时在我的名下，这是对我的一种信任和托付。我会更加负责任地去支配财富，避免财富因自己不合理的使用而遭受折损。

我建议你也用管家的心态去看待财富。这对你合理支配财富，避免财富的不合理使用，有十分重要的作用。

## 做金钱的"管家"，使金钱惠及更多人

在历史长河中，每个人都只是匆匆过客。我们之于财富的关系也是如此。财富看似是我们的，但其实只是由我们暂时保管。终有一天，那些记在我们名下的财富，虽然依然存在，但会被转给其他人。与其说我们拥有财富，不如说我们现在被托付了这些财富，我们的职责就是要管理好这些财富，让这些财富发挥更大的功效，帮助更多人。

### 洛克菲勒家族的百年财富传承

当提起洛克菲勒家族时，我们就会想到约翰·洛克菲勒是"石油大王"。约翰·洛克菲勒是人类历史上第一位积累的财富达到10亿美元的个人。他的商业成功有赖于他最早意识到石油的价值，并开创性地提出用管道对石油进行长距离运输，以及进行一系列成功的兼并收购，他最终组建了一个庞大的石油帝国。

由于洛克菲勒在商业上如此成功，以致大家容易忽视洛克菲勒在其他领域的卓越之处，其中一个就是财富的传承。

洛克菲勒家族的财富传承了6代，超过百年。而且在洛克菲勒家族财富传承的百年历史中，从未有任何争产冲突。洛克菲勒家族的财富传承为何如此成功呢？

洛克菲勒家族财富的成功传承，首先得益于约翰·洛克菲勒

的儿子——小洛克菲勒。他在有生之年将家族财富的一半捐赠了出去，将另一半（5亿美元）都装进了两个家族信托：1934信托，于1934年设立，指定受益人为小洛克菲勒的妻子和孩子；1952信托，于1952年设立，指定受益人为小洛克菲勒的孙辈。信托受益人的后代自动成为信托受益人。

小洛克菲勒所设立的家族信托是不可撤销的信托，这是指小洛克菲勒不能撤销信托，或将信托的资金转为其他用途。通过设立不可撤销信托，小洛克菲勒实质上放弃了对洛克菲勒家族财富的所有权，这使得他的后代也不再拥有对家族财富的支配权，只能按照家族信托所规定的方式从中领取收益。

通过放弃对家族财富的所有权，洛克菲勒家族的财富得到了以下两方面的保护。

第一，不会被家族成员不当使用。"富不过三代"的一个重要原因，是家族成员对家族财富的不当使用，比如过于冒险的投资、经营行为，以及奢侈的挥霍行为。为了评估家族成员对家族财富的使用是否合理，洛克菲勒家族信托专门设立了一个信托委员会。所有洛克菲勒的家族成员在30岁之前都不能支取家族财富的本金。30岁之后，若想支取信托的本金，必须获得信托委员会的批准。洛克菲勒在设立家族信托时，邀请到的最早的委员包括政界、商界和学界的精英，为其信托资金的支取提供有效的监督。

第二，不会因家族成员的财务状况恶化而受牵连。"富不过三代"的另一个重要原因，是家族财富作为成员的可支配资产，被作为清偿债务的资金来源。一旦家族成员经营不善，欠下巨额债务，或者在经营过程中陷入债务纠纷，家族财富就会被冻结或划转，导致家族财富损失甚至被清零。但由于小洛克菲勒设立的是不可撤销家族信托，所有家族成员都不再是家族财富的所有者，因此也就不能动用家族财富去清偿债务。

放弃对家族财富的所有权，看似失去了财富，实际上却是洛克菲勒家族财富传承6代、历经百年的最核心原因！小洛克菲勒通过设立家族信托，本质上是将家族财富与家族成员作为个人所带来的不确定性隔离，大幅降低了家族财富因为家族成员的非理性使用、过度冒险或不合理的生活方式而造成大幅亏损的可能性。

这笔财富自信托设立之日起，就按照信托委员会的指导，投资于资本市场，据当时披露的信息，在洛克菲勒家族的两个信托中，1934信托90%的资产配置股票，1952信托70%的资产配置股票。这意味着，在信托委员会的监督和指导下，洛克菲勒家族信托将超过70%的资产都配置了股票，用于配置固收的占比不到30%。而美国股票市场在百年历史中，年化收益率接近10%。因此，洛克菲勒家族的财富在百年传承中，按照7%～9%的收益率实现了财富的增值。5亿美元，考虑每年支取一定比例给受益人，即使按照6%的年化收益率，从20世纪30年代到现在，历经90多年，洛克菲勒家族的财富累计也已超过900亿美元！

小洛克菲勒通过设立这样一个家族信托，从法律意义上，充分践行了以管家的心态管理财富的理念。在信托协议下，洛克菲勒家族的任何成员都不再拥有这些财富。事实上，没有人再拥有这些财富，没有人能按个人的意志去支配这笔巨额财富。这使得这笔财富得到妥善管理，持续地投资资本市场，得以保值增值，从而不仅福佑了洛克菲勒家族成员，而且惠及了整个世界。

建议每一位年轻人尽早用管家的心态去看待自己的财富，管理好这些现在暂时被记在自己名下的财富。如果管理得好，财富就会像滚雪球一样不断积累。在我们离开这个世界时，这些财富可以通过传承福佑子孙后代，也可以通过慈善回馈社会，帮助大众。但如果我们管理得不好，财富不仅可能没有增长，还可能亏损，影响自己和家人的生活。

**做金钱的"管家"，让你的内心更安宁**

当你以主人的心态去看待财富时，你会身心俱疲。你可能想紧紧抓住财富，依赖财富，你会对财富的波动十分敏感，对财富的减少感到恐惧。你也可能会想去掌控自己的财务状况，拼尽全力获得成功。但影响财富的因素来自方方面面，从宏观经济，到中观市场，再到微观企业主体，还有个人所面临的不确定因素，以致你的财务状况时常脱离自己的掌控。很多人都无法准确预测下个月的收入会是多少，年终奖能拿多少，更不用去谈准确预测投资收益会有多少。因此，当你以主人的心态去看待自己的财富时，你将不得不承受巨大的压力，内心也会产生极大的焦虑。当你的收入符合预期时，你内心会相对平静；但当你的收入缩水、投资亏损时，你会立刻感到痛苦、失望，甚至是迷茫。这时财富反成了你的主人，支配你、控制你，让你失去自由。

当用管家的心态去对待财富时，你就会坦然很多。我们并不是财富的所有者，仅仅是财富的管理者而已。一旦你用管家的心态去看待财富，你就不会那么紧紧地去抓住财富，不会那么拼命地去追求财富。毕竟，这些财富只是暂时记在你的名下，终究会离开你。而且，你会更加坦然地面对财富的波动，并用合理的方式管理好财富，而不是时刻关注财富的多少。

年轻的朋友，别再为自己有多少财富而纠结了。你还年轻，有充足的时间去缔造美好的未来。与其让自己受财富的辖制，不如以管家的心态去看待自己的财富。这样你就能更合理地管理和使用自己的财富，以更大的勇气和更平和的心态去应对各种因素对你的财富造成的冲击。做一名财富的忠心管家，将帮助你获得财富并从中收获满满的幸福。

# 第 4 章
# 赚钱之前，先学会花钱

## 高效储蓄，积累财富的第一步

储蓄是积累财富的起点。正所谓"巧妇难为无米之炊"，财富积累同样如此，若是连储蓄都没有，积累财富也就无从谈起了。然而，我们生活中有太多花钱的地方，以致储蓄成了一件并不容易的事情。

### 为什么储蓄那么难？

大多数人是有储蓄意识的，这与中国传统文化有关。攒压岁钱应该是不少人储蓄的起点。随着经济的不断发展，如今人们的生活条件比早年好了很多。但物质生活更加丰富多彩的同时，开支也更大。在工作中，竞争更加激烈，获取收入的难度比以前也更大。这些都导致大家储蓄比上一代人的确要困难很多。

但对现在的年轻人而言，储蓄实在太重要了。首先，在人口老龄化的浪潮下，相比父辈，年轻人特别是独生子女的赡养压力明显更大。而且，随着老龄化程度的加深，对养老需求的大幅增加将使年轻人未来不得不应对更高昂的养老开支。因此，年轻人应尽早开始储蓄，为未来的退休养老提供必要的财务保障，让老后生活更加从容。

此外，储蓄也是财富管理的起点。若无财，何谈理财？若没有理财，财富的增长就会停滞。金钱是有生命力的，通过合理的财富管理，钱是可以生钱的。储蓄的过程，也是一个不断积累财富和绽放财富生命力的过程。

## 如何高效储蓄？

为了高效储蓄，以下四点建议，供大家参考。

### 立定心志，开始储蓄

下定决心，是储蓄的第一步。储蓄说难，难于上青天，但说容易也很容易。只要下定决心，你就一定能把钱存下来。一旦开始，你就会收获信心，也让你更坚定地执行储蓄计划。

### 先储蓄，再消费

许多人是拿到工资后，先消费，如果有闲钱了，再把钱存起来。没有固定的存款时间，也没有固定的存款金额，这会导致储蓄变成一件十分不确定的事情，也就是说，何时存、存多少，都没有定数。这更会导致经常"月光"，没有储蓄。因此，为了做到高效储蓄，你需要先储蓄，再消费。

我们可以根据自己的实际情况，将收入的一定比例存起来，而且这个比例是可以随时间变化的。比如，刚开始储蓄的时候，从10%开始，之后随着生活经验越来越丰富，能节约的开支越来越多，加上收入的上升，这个比例可以逐步提升，从10%提升至50%。这个比例也可以随着收入的性质而变化。比如，对于每个月固定的工资，可以按10%~50%的比例存下来，对于年终奖，或者是工资以外的奖金，则可以按60%~90%的比例存下来。通过这样的储蓄计划，既能保障日常的开支，又能提升储蓄的效率。

储蓄的比例确定后，建议再准备一张工资卡以外的银行卡，用于专门储蓄。开始储蓄的第一个月，拿到工资后的第一件事，就是将这笔钱转到用于储蓄的银行卡里。按固定比例进行储蓄，若工资变动不大，那么每个月存的金额也是固定的。你可以借助手机银行里的自动转账功能，约定每个月收到工资的当天，就自动将这笔钱转到储蓄专用的银行卡里。这样，你的储蓄金额是固定的，存款的时点也是固定的，储蓄就由一件随机不确定的事情变成一件高度确定的事情。有了第一笔专门用于储蓄的转账，你的储蓄之路就正式拉开序幕了！

**做预算**

做预算并不是一件很复杂的事情。首先，我们要明确自己的开支有哪几项；然后，逐项分析自己的开支；最后，做出合适的开支分配。以下以税后月薪8 000元为例，详细介绍做预算的过程如表4.1所示，所涉及各项开支数额仅作示例，大家可按自身实际情况调整。

表 4.1 每个月的开支项目

| 开支 | 金额（元） |
| --- | --- |
| 住宿（房租、宽带、水电、日用品等） | 4 000 |
| 吃饭 | 1 500 |
| 手机通信 | 100 |
| 交通出行 | 800 |
| 继续学习 | 400 |
| 休闲娱乐 | 400 |
| 共计 | 7 200 |

- 对于在一、二线城市工作的年轻人，房租是开支的大头。以合租为例，加上宽带、水电、日用品等费用，一个月差不多要 4 000 元。
- 吃的方面，按早饭 10 元、午饭和晚饭各 20 元的标准，每天开支 50 元，一个月需要 1 500 元。
- 手机通信的费用按 100 元计算。
- 交通出行方面，按每天公共交通花费 10 元计算，每个月是 300 元，再加上 500 元作为可能的打车开支，共计 800 元。
- 设置 400 元的预算给继续学习。这样每年的学习预算是 4 800 元。你可以用这笔钱在线上买课，参加线下学习班，或者购买学习资料等，实现自我成长。
- 设置 400 元的预算给休闲娱乐，每年共计 4 800 元。你可以用这笔钱去旅游，购买线上视频、音乐 App 的会员，看演唱会等。

按这个预算，你每个月的衣食住行开支都有保障，还能拥有继续学习和休闲娱乐的机会，并且富余 800 元作为储蓄。这样算下来，你的储蓄比例达到了 10%。这是个很不错的开始！

如果你当年获得了 2 万元的年终奖，对于这笔年终奖，你可以这么做预算，如表 4.2 所示。

表 4.2　年终奖的开支项目

| 项目 | 金额（元） |
| --- | --- |
| 孝敬父母 | 2 000 |
| 购物 | 2 000 |
| 礼物、份子钱 | 2 000 |
| 公益慈善 | 2 000 |
| 共计 | 8 000 |

- 孝敬父母。过年的时候给父母包个大红包或者买些礼物，预算 2 000 元。父母可能并不需要，但你的这份心意会让他们感到温暖。
- 购物。添置些衣服、健身器械或其他用品，预算 2 000 元。
- 预留购买礼物的费用和份子钱。设置 2 000 元的预算，这样你在来年就能从容地给亲戚朋友送礼物和随礼金。
- 公益慈善。强烈建议你将年终奖的一部分用于慈善公益，预算 2 000 元。做慈善公益可以让你更富有爱心，更加感

第 4 章　赚钱之前，先学会花钱　　089

恩，心态更加平和，也能使你的努力付出祝福到更多人。

在做完这些预算之后，你的年终奖还剩 12 000 元，把这笔钱存起来，年终奖的储蓄比例就达到了 60%，这非常不错。一年下来，你从固定工资存了 9 600 元，从年终奖存了 12 000 元，总计 21 600 元，这是多么高效的储蓄啊！你不仅满足了自己的需求，还能表达对父母及亲戚朋友的爱心，以及对慈善公益的支持。通过做预算，你会意识到只要保持合理的开支，你的生活会十分美好且平衡。

**找到可以节约的开支**

做预算本身不是目的，真正要做的是找出能节约开支的地方。我们的日常生活中，有些开支是不必要的、可以精简的。以下是一些节约开支的方法，供大家参考。

- 自己做饭。自己做饭不仅可以节省开支，还可以吃得更健康。很多人会说自己没有时间做饭，但实际上做饭所需要的时间没有我们想得多。现在已经有许多自动烹饪锅，做饭也可以高度自动化、智能化。你只需要在晚上睡觉前把食材洗干净，连同调料、水放入锅中，选择烹饪锅自带的程序预约，等你第二天早上醒来时，带到单位去吃的饭菜就已经做好。你如果再给自己配一个破壁机，那几乎不用花费什么时间和精力，就能每天做出既营养又美味可口的豆浆！做饭也能带来许多乐趣，而且换一个环境，会让我们的思考更高效。

- 延长手机、笔记本电脑等电子产品的使用时间。电子产品更新换代特别快，几乎每年都推陈出新，但这并不代表旧的产品就因此被淘汰，不能用了。即使是已使用两三年的旧手机，依然能很好地满足通信、拍照、存储等需求。许多笔记本电脑，即使用了十几年，依然可以运行得十分稳定。这不仅省去了我们花在选购新电子产品、备份、导入资料等事务上的时间和精力，而且可以节省一笔不小的开支。

- 谨慎选择奢侈品。奢侈品的核心价值在于品牌溢价，而不在于功能性。如果不是一定场合需要，那我们在选购奢侈品时需要谨慎。我们的价值，不取决于我们使用的东西有多么贵重，而在于我们的内心。不要将自己的安全感和价值感建立在奢侈品上，这样不仅可以节省一大笔开支，而且会让我们明白生命的意义，关注他人的需要，内心也更平和。

需要注意的是，精简开支只是让我们找出那些不必要的开支，而不是以牺牲自身或家庭的生活质量为代价，更不是要我们做个吝啬的人。精简开支，是让我们的支出更加合理，更加有效，在不降低生活质量的前提下，更高效地储蓄。

**我的储蓄之路**

我 2007 年去美国留学，攻读博士。读书期间，我有助学金，通过在系里给老师担任助教、助研，学习的同时也有收入。那时候，我一年暑期之外的 9 个月里，每个月的税后收入为 1 500 美元，暑期 3 个月的收入总额为 2 500 美元，年收入总计 16 000 美元。

我有以下几项必要的支出。

- 房租，350 美元/月。
- 手机通信，30 美元/月。
- 吃饭，40 美元/周。那时候，即使每顿只吃一个汉堡，每周午饭和晚饭也要 70 多美元。所以，这里的吃饭开支是按在家做饭来计算的。
- 医疗保险及医疗支出，假定 800 美元/年。

这四项是美国留学生的必需开支，总计 7 440 美元。那么剔除这四项开支之后总收入应该还剩下 8 560 美元。

按理说，我能存下来的钱还是挺多的。但到 2008 年暑假，也就是留学第一年结束的时候，我的财务状况非常糟糕。我没有买车，也不怎么出去旅游，但我几乎没有任何存款。一位朋友问我把钱用到哪里去了，我竟一脸茫然。

我觉得自己不能再这样在财务上浑浑噩噩下去。因此，从 2008 年秋季开始，我要求自己每个月都存 500 美元。每个月拿到收入后，我就将这 500 美元转到另一张银行卡上，只花剩下的钱。因为有了这个储蓄的计划，我不仅开始存钱了，更有了在开支上要更谨慎一些的念头。比如，我开始减少外出吃饭，更多自己做饭，每天带饭。这样其实节约了一些时间，因为我不需要再每日往返于教学楼和餐厅之间。做饭刚开始时虽然耗费了我一些时间，但熟练之后，做饭就变成了让我非常享受的放松时刻。又比如，我减少了去商场买衣服的次数。衣服能穿就穿，也不用穿那么好、那么新的衣服，旧的衬衫熨过一遍后，和新的也没什么区别。吃穿上的开支降下来了，但我的生活品质几乎没有受到任何影响。

储蓄对我的生活和学业产生了非常积极的影响。因为开始储蓄，我一年就攒了数千美元。在储蓄的第一年，我就用攒的钱自己买了往返的机票，回国看望父母。又过了一年，在读博士三年级的时候，我买了一辆二手车，生活就更加便捷了。到第五年，我的助学金收入减少了，但我的积蓄已经足够我在美国一年的生活开支。2012年，我顺利完成了学业，博士毕业。2008—2012年，因为储蓄，我在财务上再也没有紧张、匮乏的时候。甚至在博士毕业那年，我用攒的钱为父母买了机票，给他们租了房子，请他们来参加我的毕业典礼，并带他们在美国旅游。

储蓄是我开始管理财富、积累财富的起点。通过储蓄，我开始合理支配、打理财富，并且在经济上实现了独立，能够安稳地生活和学习，而不需要再为钱财的问题感到忧虑烦恼。

所以，尽早开始储蓄，给自己一个新的开始，开启你的财务自由之路。

## 如何消费让你更有幸福感？

大家都在为赚更多钱而努力工作。然而，我们不仅要用心赚钱，也要用心花钱。我们的一日三餐、衣食住行、休闲社交，都离不开消费。聪明又充满爱的消费决策，不仅可以让我们的生活更幸福，还可以关爱他人。

## 如何做出聪明的消费决策？

消费本身不是目的，消费的初衷是让自己更加幸福，但一味地买买买并不一定能带来幸福。买的东西太多，带来的选择就太多，反而容易使我们因为生活太满而产生焦虑。另外，消费也不可避免地降低了储蓄，影响财富的长期积累。因此，做出聪明的消费决策，对于提升幸福感至关重要。

聪明的消费，需要我们先明确自己的需求。充分了解自己的需求，能帮助我们在消费前认真分析和仔细思考，在消费时既节省了挑选的时间，又能让消费更好地满足自己的需求。以买手机为例。不同手机具有各自的特点和优势：有些手机电池容量大、续航时间长；有些手机拍照功能强大，照片质量高；有些手机轻薄、时尚，外观吸引人。不同的手机可以满足大家不同的需求。比如我买手机的时候，核心的需求有两个：第一，电池容量大，减少充电的麻烦；第二，手机屏幕大且带护眼功能，读电子书时会比较方便。因此我在买手机时，会对照这两点需求，进行有效的筛选。先明确自己的核心需求，再消费，这样就能让你有的放矢，并减少许多不必要的开支与烦恼。

聪明的消费，也需要制定预算。如前所述，做预算并不复杂，而且一旦做了预算，就需要严格执行。经常超预算的消费会给你带来财务上的困境和压力。在我看来，预算的作用，是给消费的欲望加上一个"紧箍咒"。人们的消费欲望受很多因素影响，比如情绪、折扣、身边人的大力推荐等。很多人会被五花八门的产品和广告吸引，买些其实并不在预算范围内的东西——本来没打算买，看着看着，就直接下单了。而预算在这个时候就会发挥作用。有预算的约束，你就会在下单前更加深思熟虑。当消费的欲望触及预算红线时，你就有机会停下来，获得更多理性思考的时间，并多一个延迟满足的理由。因此，制定预算对于限制不必要的开支，让你在消费时保持理性十分有帮助。

聪明的消费，需要看重性价比。商品价值和价格的关系往往不是线性相关的：有时商品的性能只是提升了一点儿，价格却陡然上涨了很多；有时不同商品的性能没有明显差异，但因为品牌的差异，价格相差甚远；有时相同的商品在不同的商家出售，价格也因为渠道不同而出现明显的差异。等到促销季，商品价格也会大幅下降，叠加商家的满减活动，能得到不少优惠。聪明的消费需要我们货比三家，耐心地等待一个合适的时机，以优惠的价格入手所需的商品。而且，有时如果我们对性能或品牌的要求降低一点儿，就能大幅节省开支，提升性价比。

## 充满爱与祝福的消费让你更幸福

消费不仅是为了满足自己的需求，也是传递祝福、表达爱心的载体。通过消费，我们既能关爱自己，也能照顾家人朋友。因此充满爱与祝福的消费会极大提升我们的幸福感。

**富有爱心的消费需要把握时机**

表达爱既要在日常，又不应当错过一些特殊的时机，比如生日、结婚纪念日等。人的一生之中，有些时刻只有一次，这些时机也需要尽可能把握住。

2012 年，我从美国南卡罗来纳大学博士毕业。那一年的 2 月份，我知道自己在 5 月份能如期毕业，在攻读 5 年之后，我即将迎来人生唯一一次的博士毕业典礼。这不仅是我的唯一一次，也是父母的唯一一次。而且那时我已经确定了要回国任教，所以参加我的毕业典礼，对我父母而言，也可能是唯一一次来美国旅行的机会。因此，并不富裕的我做了一个大胆的决定：请父母来美国参加我的毕业典礼，并带他们周游美国。

这不是一个容易做出的决定。往返机票十分昂贵，加之为了让父母能住得舒服，我还在当地租了一套大房子，并花费了很大工夫给这个空房子置办了一整套家具。毕业典礼十分顺利，我的父母为能参加儿子的毕业典礼而感到非常自豪和高兴。参加完毕业典礼之后没多久，我就带着他们开始了在美国的旅行。我们一起去了几大城市，感受了大瀑布的震撼，也见证了大峡谷的壮美。那时我通过日常省吃俭用，把奖学金攒下来，存了 1.5 万美元。等到行程结束，把父母送上回国的航班，买完自己回国的机票，我只剩下 600 美元，换算成人民币是不到 4 000 元。我就是揣着这几千元来到北京，开启了人生下一段征程。

这是我学生时代最大的一笔开支，几乎耗尽了我当时的全部积蓄。但我把握住了对于我和父母都是一生只有一次的机会，他们至今想起去美国的经历，还是很开心。这是我做过的最有价值的一次消费！

**富有爱心的消费需要理解对方的需求**

表达爱既要把握时机，也要理解对方的需求。并不是花钱消费就传递了爱心，有时候我们的好意反而给对方增添了压力和烦恼。

比如，有些父母爱孩子，出于孩子教育的考虑，给孩子花钱报各种各样的培训班。尽管父母认为参加这些培训班对孩子是有益处的，但孩子可能发自内心地抵触。当父母看到孩子表现得心不在焉并因此责备孩子时，殊不知这样的消费不仅不是爱心的传递，反而可能抑制了孩子的天性。

又比如丈夫为周末精心计划了一次短途旅行，但妻子在单位加班忙碌了一周后，只想在周末好好休息。这样的消费也无法让对方真正体会到温暖和爱心，反而会给人添加疲惫和无奈。

有时儿女为了孝敬父母，给父母报名旅行团，去各地游玩。但老人们可能只想孩子陪在身边，对他们而言，家人的陪伴才是幸福。

富有爱心的消费还需要充分的沟通。在为他人消费时，注意不要强加自己的意志和想法，而是要从对方的角度出发，去满足对方的实际需要。否则，看似花了不少钱，却无法给对方带来喜乐，反而平添了烦恼。

**富有爱心的消费需要慷慨大方**

富有爱心的消费，不求自己的益处，只为他人真正的益处。既然是为他人的益处，只要是在能力范围内，就不要太计较花费。

比如时常在家里款待朋友，虽然会增加一些开支，却是一种特别好的向朋友表达爱心的方式。在家庭内部，夫妻之间在消费上有不同的偏好，比如丈夫喜欢买电子产品，妻子喜欢买衣服，本着爱的初心，只要对方不是铺张浪费，另一半就不要太限制，更不要为此起争执，影响家庭和睦。

有利于身体和心灵健康的消费，是特别值得我们慷慨和大方的。比如在饮食上，尽量选取有机的食材，补充一些必要的营养剂，虽然会增加一些开支，但对身体健康十分有帮助。又比如旅游度假对放松心情很有好处，因此我们可以拿出一些开支专门用于旅行，去领略壮美山河，体验各地风光。

### 千万不要借贷消费

如今，借贷消费无处不在。当线上购物时，经常会看到支付方式里提供各种分期的选项：3期、6期、12期，甚至24期，更有0元下单的选项。你即使现在囊中羞涩，依然能轻易买到心仪的物品。银行卡里没有存款，你依然可以去旅游，买名牌，吃大餐。然而，如此唾手可得的借贷消费，看起来给你带来了消费的便捷，提升了生活品质，但实际上正在成为你财富积累和人生路上的"绊脚石"。

### 借贷是高效储蓄的"天敌"

储蓄，对于财富积累至关重要，是财富积累的起点。然而，借贷却是储蓄的天敌。通过和线上、线下消费场景的无缝对接，极其便利的借贷促使我们在消费时不再受到收入与存款的约束，这就导致了预算"软约束"。在此情形下，我们很可能为了满足自己的物质欲望而冲动消费、提前消费。但借的钱，终究是要还的。这种"先消费、后还款"的消费方式，会导致我们在消费后承受巨大的还款压力。

## 当买车遇上银行消费贷

银行的消费贷是一种信用贷款。所谓信用贷款，就是指你凭借自己的个人信用，获得银行的信任，得以获得一笔用于消费的贷款。申请消费贷款时，你可能都不需要去银行柜台，只需要在手机 App 上操作即可，甚至会有银行的贷款经理上门协助你申请消费贷款。消费贷款的额度一般是 30 万元，期限 1~36 个月。你可能并没有想到申请消费贷款，然而银行有你的收入流水和联系方式，一些银行的客户经理会主动打电话给一些收入比较稳定的客户，向其推介消费贷。消费贷的利率一般是 7.5%，如果遇上打折，可能会降到 5%~6%。

小峰是一位互联网公司的软件工程师，工作能力很强，收入也很不错。他刚工作一年，平日十分节俭，单位也提供住宿，花销比较少。他一直都小心翼翼地把钱攒起来，每个月能存 5 000 元。工作一年后，他存了差不多 5 万元。小峰生活上十分简单，没有特别花钱的爱好，但他一直想买辆车。他看中了一款热销的新能源电动车，动力十足，操控灵活，而且内部空间十分宽敞，若是以后成家了，一家四口出行都没问题。他很喜欢这款车，还专门去试驾，坐在车里特别有科技感。他每次在街上看到这款车，都会忍不住多看两眼，憧憬着能尽早开着这样一辆车周末出去旅行。但这款车要30万元，小峰钱还没存够，只好安慰自己再努把力，等再过两年钱存够了，就可以买车了。

恰好此时，他接到了工资卡所在银行的电话。电话那头的客户经理告诉他，现在银行有活动，对于像他这样的优质客户，可以申请一笔额度不超过30万元的消费贷款，利率现在搞活动，打75折，每年只要5.65%。如果申请30万元，按等额本息的方式还款，每个月只要还9 000元。小峰一听，心里想，他每个月存的钱，加上从积蓄里每个月提取一点，消费贷的还款应该问题不大。而且兴许过阵子升职加薪，还款就更不成问题了。"与其等到两年之后再买这车，还不如趁现在银行搞活动，借30万元就能立刻买这辆车了！"小峰越想越开心，于是在客户经理的指导下申请了贷款。贷款批下来后，他就立刻提款，当周周末趁着休息，就去店里下单，没多久车就送到了他家楼下。见到车的那一刻，他特别兴奋。

买完车后，小峰就开始了每个月的还贷。这时，他才意识到每个月要还9 000元的贷款还是有不小的压力。从前没有贷款的时候，他每个月支付各样的开支绰绰有余，根本就不会因为钱而发愁。但现在，每个月面对9 000元的还款压力，他尽力缩减开支：晚上不再和朋友吃夜宵了，健身房也不去了，计划中的旅行也取消了，但省下来的钱还是不够，仍需要每个月从积蓄里取一点。眼看着自己攒的钱一点点在减少，半年后，他开始有些慌了，因为再过半年，他的积蓄就会耗尽，到时候还款就会出现问题。如他预计的，半年后他之前攒的钱都耗光了，而他也没有等来之前想象的升职加薪。买车时的兴奋已经荡然无存，如今在每个月沉重的还款压力下，他每天都开心不起来，对未来也感到迷茫。

"如果当时不去申请那30万元贷款，现在我每个月能存5 000元，一点儿压力也没有。"小峰心里无数次后悔，当初不该冲动消费，不该提前消费。

## 当刚毕业遇上分期消费

小敏大学毕业刚入职场不久，就发现公司的人都穿戴名牌，有时陪经理去见客户，出入高档写字楼，见到的人也都是衣着讲究。她开始感到一些来自身边人的压力。工作一个月后，她领到了人生第一份工资。她没有太多喜悦，因为她打算用这笔钱给自己先换个手机。她现在的手机已经用了3年，背面都已经磨花了，屏幕也有了划痕。和大家聚餐、开会的时候她都不敢把手机放桌子上，怕被别人嘲笑。她打开手机App，搜索了身边人常用的一个品牌的手机。这个品牌刚出新款手机，售价5 999元。这笔钱相当于她在这个大城市一个月的生活费。"买还是不买？还是买吧！"她咬咬牙，觉得自己在职场上还是需要这部手机，所以决定下单。

在支付环节，她偶然看到了分期付款的选项。以前在学校里，消费不多，买的东西也不贵，所以她还从来没有用过这个分期的功能。她慢慢地滑动屏幕，发现这款手机居然可以分24期，每期只要付310元。她心里一惊："我每个月只要付310元，就能买这个手机了吗？还有这等好事啊！"小敏十分兴奋，毫不犹豫地选了分24期支付。第二天，她就拿到了这部手机。终于，她可以比较从容地在同事面前掏出自己的手机了。

小敏想："既然买手机能分24期，那么我在手机上买其他东西，也能分24期了。"本来她只想买一部新手机，现在她又开始想给自己添置几件名牌衣服。她花了几个晚上，眼都要看花了，最终选了几件名牌衣服，下单寄到家里。这几件衣服总价过万元，但分24期后，每个月也就1 000多元。小敏觉得每个月付1 000多元，对她来说没什么问题。

渐渐地，小敏分期买的东西越来越多。帽子、衣服、化妆品、包、鞋子，每次下单，她都用24期分期，每次都觉得分期支付后，那么贵的物品，一下就变得便宜了很多！但随之而来的，是她每个月要还的金额越来越多。从最初的300多元，到后来的1 000多元，半年后，她每个月要还的金额居然上涨到了6 000多元！

但她的收入没有任何上涨。她突然有些不知所措，怎么要还这么多？她把App里长长的账单对了一遍又一遍，确认的确没有弄错。但她才刚参加工作半年，如何还得了这么多钱？她不得不退了和同学一起租的市区里的房子，搬到了离单位通勤单程1个多小时的小区，和几个不认识的人合租，而且她已经不再敢和同事外出聚餐。为了减少开支，她也不得不减少了回家看父母和爷爷奶奶的次数。

小敏被每个月的还款压力弄得身心俱疲，健康也出了问题，情绪低落，头发每天都掉很多。现在的她和身边的同事一样，每天穿的用的都是名牌，但她已经不再是刚出校门时那个对未来充满期望的年轻人。如果不买这么多名牌，她就不用活得这么辛苦，而且每个月还能存些钱，整个人的状态会比现在好很多。小敏每天在回家的地铁上，看着玻璃窗户上投射出的自己的样子，心里总会无奈地想："买了这些名牌，却把自己弄成这样，值得吗？"

像小峰和小敏这样，因为消费贷而承受巨大财务压力的，并非个例。一旦借贷，你日后就必然要承担还款的义务，而这个义务可能比你预想的要沉重得多。还款的压力不仅吞噬了本可以积累的储蓄，也可能让你失去面对生活的那份从容，夺走你内心的平静和安稳。因此，如果你必须通过借贷去消费，一定要量力而行，否则就算满足了一时的欲望，但比起你所失去的，实在是太不值得了。

## 借贷消费对个人征信的终身影响

借贷消费不仅给你带来财务压力，而且会影响伴随你终身的征信。中国人民银行下设的征信中心，依照我国自2013年施行的《征信业管理条例》，建立了全球规模最大的个人信用基础数据库，并且全国联网，用于查询每一位公民的借款信用记录。在这个数据库里，有我们每个人的征信。个人征信上记载着你与银行等金融机构借款的全部记录，已经成为每个人的信用身份证。如果你有一笔借贷没有按时还款，出现了逾期，这条记录就会被记录在你的征信里，形成逾期记录。

个人征信逾期记录会对我们的日常生活造成影响，其中最主要的一个影响就是申请房贷能否获批。一方面，如果你的征信记录表明你当前已经借了很多消费贷款，银行可能会认为你已经负债较高，今后可能会出现还款困难，无法再负担房贷，所以拒绝贷款给你。另一方面，如果你的征信上记录了多条没有按时还款的记录，银行就会认为你的信用并不好，因此拒绝你的房贷申请。因为征信记录无法删除或修改，因此一旦你因为消费借贷问题而出现不良记录，这些记录都会被终身保存。所以，借贷消费不仅影响当前，更可能会对你终身的信用记录产生不良影响。

**借贷的高昂成本**

曾经有一家贷款公司给大学生发放校园贷，该公司称月息 0.99%，借 1 万元，每月只要付 99 元利息，一年之后还本。如果有人急需用钱，这会是个看上去非常诱人的借款方式。每个月只需付 99 元，可能就是少出去吃顿饭的钱，就能立刻借到 1 万元！

但实际上，如果你去这家贷款公司申请贷款时，借款虽然是 1 万元，但你只能得到 8 000 元，另外 2 000 元被公司扣作服务费。贷款发放后，在接下来 12 个月里，你每个月支付 99 元的利息，一年之后还款 1 万元。

那么，这笔号称月息只有 0.99% 的贷款，实际利率是多少呢？

为了偿还这笔贷款，你支付的利息共计1 188元（即99×12）。还款时，你还了1万元，但你实际拿到手的贷款金额并不是1万元，而只有8 000元，所以实际贷款利率为39.85%［即（1 188+10 000）/8 000-1］。

这笔贷款的利率之所以这么高，而不像宣传中所说的月息0.99%，就是因为贷款发放时，扣了2 000元的服务费。这笔作为你贷款支付的费用，也构成了贷款的一项成本，而且这项成本是最大的。在我国，贷款利率超过中国人民银行发布的同档次的利率的4倍就是高利贷。而这些贷款公司正是用服务费的方式规避了发放高利贷的嫌疑，但这依然掩饰不了这笔贷款实际高达39.85%的利率。

此外，在手机App上消费时，分期消费的利率也是非常高的。在上面的分期消费的例子中，一部5 999元的手机，分24期，每期支付310元，对应的利率是多少？为了买这部手机，你总共支付的金额是7 440元（即310×24），比原价高了24%，也就是说你每个月实际支付了手机总价的1%作为利息，一年下来就是12%。但实际上，因为你每个月都在还款，你的本金是不断减少的，但商家依然是按全部的本金在逐月向你收取费用，因此如果按金融的内部收益率来计算（在Excel里你可以使用IRR这个函数计算分期的利率），实际的月利率高达2%，对应的年利率则高达24%。也就是说，上述例子里的小敏在使用分期付款时，实际上是借了一笔利率高达24%的贷款，她当然会在还款时感到力不从心！因此，借贷时高昂的实际利率也是还款压力大的重要原因。

**借贷可能伴随的暴力催收**

贷款的高昂成本，不仅体现在财务压力上，也体现在贷款逾期可能会伴随的暴力催收，甚至是非法催收上。若借款逾期，在催收过程中，贷款机构可能会通过聘用专门的第三方催收机构，给你和你的家人持续打骚扰电话，让你和家人陷在极大的压力和恐惧当中，严重影响正常生活。因此，借贷可能伴随的暴力催收带来的心理压力甚至会远超财务压力。

**什么时候能借贷？**

借贷最重要的原则，有以下两条：

1. 尽量不要借贷。如前所述，借贷会导致冲动消费、提前消费，这种"先消费，再还贷"的模式十分不可取，而且借贷的实际成本比你预想的要高很多。
2. 不要让借贷成为左右消费的因素。你在做任何消费决策的时候，都不要想着去借贷。但你如果确实是需要这项消费，在收入完全能覆盖这次消费的前提下，而恰好又有利率低甚至是免息的借贷，那你可以考虑使用借贷。比如，我曾经要换一部用了 3 年的手机，发现商家刚好促销，分 24 期付款，而且免息，手机价格也没有因为商家提供 24 期免息而比其他家更贵，我就选了这项 24 期免息。又比如，我有一次在医院要为家人支付住院押金。我当时储蓄卡里没有足够的资金，但我下个月发工资之后钱就够了，所以我就使用了信用卡支付，并且在信用卡到账日当天就把钱还上了，没有产生任何利息费用。

总体而言，我建议你不要在日常消费中使用借贷。不要让借贷促使你做任何不合理和超越自身还款能力的消费，更不要让借贷夺走你对美好生活的憧憬和积累财富的可能。

## 年轻人要不要尽早买房？

买房是大多数人一生中最大的一笔开支。在过去 20 年的时间里，中国的房价经历了一轮长期的大幅上涨。一方面，人们将房子当作必需品，当成安居乐业的基础，认为有房了生活才得以稳定。另一方面，人们也把住房当作一种财富管理的工具，期望从房价的上涨中获得财富增值。在房价上涨的时代，甚至有人将买房比作"上车"，认为尽早买房，也就尽早搭上了房价上涨的快车，由此也催生了买房焦虑——若不尽早买房，错过了好时机，等房价涨得更高，就更难买房了。

但现在，房价已经不再像之前那样快速上涨。抛开房价变动的因素，仅从财富积累的角度来看，我们应该在什么时候买房比较合适？买房本应该是一件让人感到幸福的事情，但许多家庭却因为买房陷入了沉重的财务负担。我们应该在财富积累到何种程度时，才能较从容地买房？对年轻人来说，到底要不要尽早买房？房子对每个人的意义并不一样，有些人将其当作投资，有些人当作暂时的居所，也有些人当作心灵的港湾，因而房子的价值因人而异。此处，仅从金钱的角度，讨论买房需要付出的成本。

**买房的支出成本**

买房的支出成本，通常分为两大部分：首付和月供。按中国人民银行 2024 年 5 月 17 日的规定，首付比例通常是住房总价的 15%，剩余部分从银行贷款，每个月偿还部分本金和贷款相应的利息。住房贷款的偿还方式有两种：等额本息、等额本金。等额本息是指在贷款期限内，每个月偿还的金额，包含本金和利息，是一个固定的金额。等额本金是指每个月偿还的本金相同，但利息会随着剩余本金的减少，而逐步减少，因此每个月的还款会呈现一个先高后低、逐月下降的过程。

如果你选择等额本息的方式还房贷，刚开始付月供时，你还给银行的钱主要是用来偿付利息，用于清偿本金的比较少，所以本金的减少就会比较慢，利息的支出就会比较多。但好处是刚开始时的还款压力会小一些。

如果你选择等额本金的方式还房贷，每个月偿还的金额，刚开始会比较高，还款压力会比较大，但还款金额会随着利息的减少而逐月降低。由于早期你还的钱里有一大部分是用于支付本金，所以剩余本金减少得比较快，对应利息的总支出也比等额本息下的要少。

因此，如果你想减少利息的开支，愿意承受比较大的早期还款压力，就可以选择等额本金的方式。如果你想降低还款压力，你就可以选择等额本息的方式。大多数人在交完买房的首付时，已经承受了不小的财务压力，因此为了减少月供带来的进一步财务冲击，通常会选择等额本息的还款方式。

买房时，除了房价本身是一大开支，利息开支也十分庞大。房贷利率通常与全国银行间同业拆借中心公布的贷款市场报价（LPR）挂钩。根据2025年第一季度（由中国人民银行发布于2025年1月20日）的利率报价，5年期以上的贷款利率为3.6%。我们就以3.6%为例，按首付15%、贷款30年期、等额本息的还款方式，来计算不同住房总价下的成本，如表4.3所示。

表4.3　买房的各项支出成本　　　　　　　　　　（单位：万元）

| 房价 | 首付 | 贷款 | 月供 | 每年房贷支出 | 总利息支出 | 买房总成本 |
| --- | --- | --- | --- | --- | --- | --- |
| 100 | 15 | 85 | 0.39 | 4.64 | 54.12 | 154.12 |
| 200 | 30 | 170 | 0.77 | 9.27 | 108.24 | 308.24 |
| 300 | 45 | 255 | 1.16 | 13.91 | 162.36 | 462.36 |
| 400 | 60 | 340 | 1.55 | 18.55 | 216.49 | 616.49 |
| 500 | 75 | 425 | 1.93 | 23.19 | 270.61 | 770.61 |
| 600 | 90 | 510 | 2.32 | 27.82 | 324.73 | 924.73 |

如表4.3所示，如果你买一套总价为100万元的房子，首付15万元，贷款85万元的情况下，你的月供为3 900元，一年就是4.64万元。30年下来，你支付的总利息达到了54.12万元，是房价的一半还多，买房的总成本达到了154.12万元。如果你买的房子总价是200万元，那么你的月供会上升到7 700元，一年累计会

达到 9.27 万元，30 年下来总的利息成本达到 108.24 万元。如果你买的房子总价高达 600 万元，那么你的月供将达到 2.32 万元，每年为此付出的成本是 27.82 万元，买房总成本接近 925 万元。

由此可以看出，买房的成本是非常大的。很多家庭在买房之后，不仅因为首付掏空了积蓄，也因为月供不得不长期承受巨大的财务压力。

## 买房的机会成本

买房付出的金钱成本是显而易见的，而且是你每个月都要去支付的。当你每个月都从工资卡中转一笔几千元甚至上万元的金额去偿还房贷时，你就能真切地感受到买房给你带来的成本。但你可能想不到的是，买房还会使你承担一项巨大的机会成本，而这项机会成本，甚至会超过买房付出的金钱成本。

买房的机会成本，指的是你因为买房而错过的其他财富增值机会带来的收益。如果你不买房，而是将这笔钱用于投资，那么你的收益会是多少呢？

假定你在 25 岁时有了买房的想法。如果你决定买房，然后支付首付，并开始逐月偿付月供。30 年后，贷款到期，你该偿付的都结清了，该还的钱都还完了，手上有了一套住房。如果你决定不买房，而是把首付投入一个理财计划，且以后每年都将等值于当年累计月供的钱定投到这个理财计划，同样是 30 年后，你积累的财富会有多少呢？

图 4.1 给出了答案。按年化收益 10% 来计算，如果你买的房总价是 100 万元，那从 25 岁开始，你将等同于为买这个房子所支付的钱逐步投入这个理财计划，30 年后，即 55 岁时，你通过这个理财计划积累的财富会达到 927.59 万元。这也意味着，如果你不买房，而是将对应的钱投入这个理财计划，在 30 年的时间里，你可以积累近千万元的财富！如果你将买 200 万元的房子对应的支出投入这个计划，到 55 岁积累的财富是 1 853.70 万元；如果是 300 万元，对应积累的财富达到了 2 791.29 万元！这就是你买房的机会成本，是房价的近 10 倍！

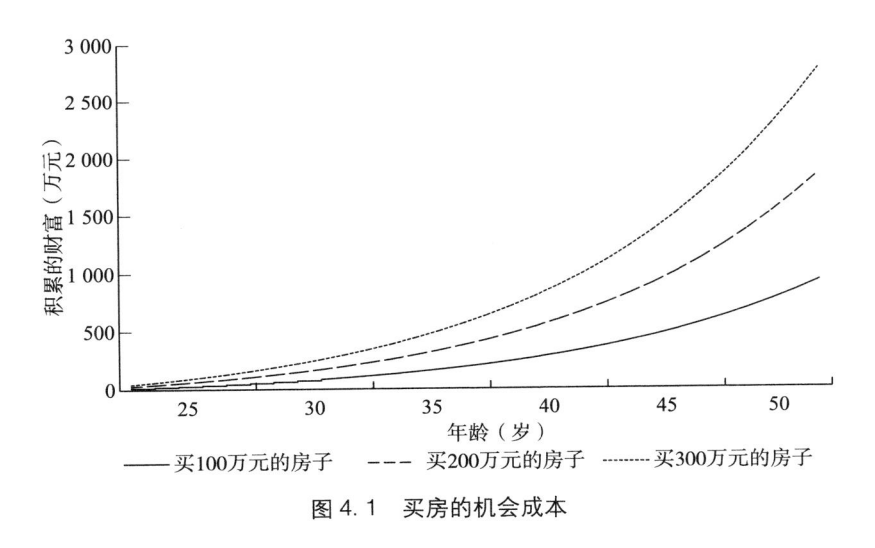

图 4.1 买房的机会成本

即使收益率减半，按照 5% 回报率来计算，买 100 万元、200 万元、300 万元的房子，对应的机会成本也分别高达 373 万元、746 万元和 1 119 万元之多！

因此，买房带来的成本是巨大的。不仅有你已经付了的首付和每个月都在付的月供，还有一项数倍于房价的机会成本。而这些成本都会对你的财富积累产生显著的抵减作用。实际上，在买房的这些成本面前，我们辛苦工作所获得工资根本算不得什么。这也解释了为什么有很多家庭一旦买了房，财富积累就陷入了长期的停滞，失去了增值的可能。

## 何时是买房的最佳时机呢？

虽然知道买房成本很高，但许多人为了成家还是免不了买房。在传统观念里，有房才有家，我们不可能租房住一辈子。那么，什么时候买房合适呢？

买房对我们财富积累的影响主要体现在两个方面：一是，为了支付首付，我们可能不得不从多年积累的财富中支取，导致用于获得理财收益的本金大幅减少；二是，为了支付月供，我们每年的储蓄将明显减少，导致每年可用于理财的资金也随之减少。因此，从财富积累的角度，我们需要尽量减少首付和月供分别对用于理财的本金和定投资金的影响。

此处，我提出一个"1.5倍原则"，即支付完首付后，在不考虑月供的情况下，每年的储蓄和理财收益之和能够达到月供年度累计金额的1.5倍。

每年除去房贷的储蓄+买房后每年的理财收益＝
每年支付的房贷金额×1.5

这意味着，在考虑房贷之后，你每年的财富增值只是消耗了2/3，还剩1/3。这样即使买了房，你的财富依然在增长，假以时日，你就能填补买房对财富造成的冲击。

比如，你要买一套100万元的房子，根据表4.3的数据，首付15万元，月供3 900元，每年还贷共计4.64万元。按"1.5倍原则"，你在支付完首付后，用剩余的本金获取的理财收益，加上每年除去月供的储蓄，需要达到6.96万元（4.64万×1.5）。如果你买房前每年的储蓄是5万元，那么在付完首付后，你的理财收益需要达到1.96万元（6.96万-5万）。如果按10%的年化收益率，对应的理财本金应为19.6万元（1.96万/10%）。要购买100万元的房子，首付15万元，这就意味着，你需要财富积累到34.6万元（19.6万+15万），才是一个合适的购房时机。按这样的安排，即使你买房了，承担了月供，每年的财富增值依然能达到2.32万元（6.96万-4.64万），你的财富积累和增值也不会因为买房而停止。

我们仍以25岁开始每年定投5万元，年化收益率10%来举例。按这样一个理财计划，你在31岁时会积累到42.4万元，根据1.5倍原则，这时就可以去买一套100万元的房子。具体如图4.2所示。

从图4.2可以看出，你在31岁时买房之后，财富依然在继续增长，你的财富积累并没有停滞。到55岁时，你不仅拥有一套还完了全部贷款的房子，还有一笔近500万元的财富。

如果你有家人的支持可以帮你付首付，而你只需要承担月供的话，那么按照1.5倍的原则，你就能更早买房，因为没有首付的影响，你用于理财的本金就不会减少，每年获取的理财收益就不会

第4章 赚钱之前，先学会花钱

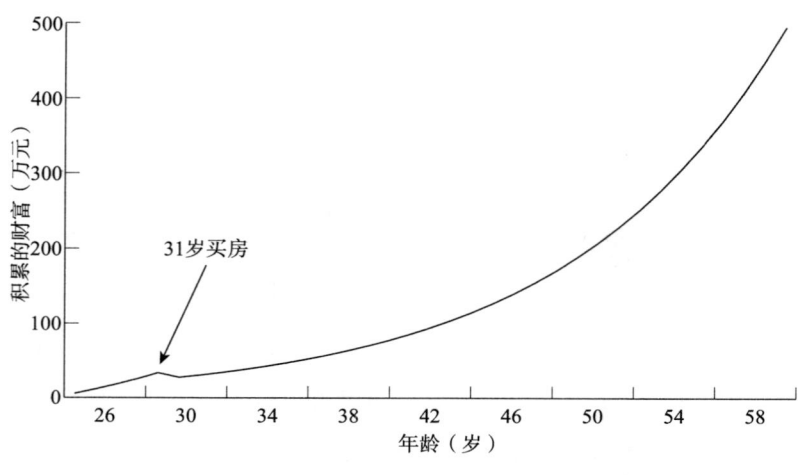

图 4.2　31 岁买 100 万元的房子后积累的财富

减少。仍以上述买 100 万元的房子为例，如果首付是由长辈支持，那你只需要积累到 19.6 万元，就可以买 100 万元的房子了。在这样的情形下，你在 29 岁就可以买这套 100 万元的房子，整整提前了 2 年时间！

为了让以上讨论更加实用，我将投资收益率、本金等因素都考虑进来，推导出买房前的财富积累、月供和首付的关系：

$$买房后每年的理财收益 = 买房后的理财本金 \times 收益率$$
$$= (买房前的理财本金 - 首付) \times 收益率$$

因此，可以进一步得出：

每年除去房贷的储蓄 + 买房后每年的理财收益

=每年除去房贷的储蓄+(买房前的理财本金-首付)×收益率

=月供的年累计金额×1.5

=月供×12×1.5

=月供×18

最终,可以得到买房前理财本金与首付、月供的关系:

$$买房前的理财本金 = \frac{月供 \times 18 - 买房前储蓄}{收益率} + 首付$$

按上述公式,我们就可以计算不同总价的房子,按其对应的月供和首付,计算出买房前所需要的理财本金,即买房前的财富积累,如表4.4所示。

表4.4 不同房价对应的买房前的财富积累　　　　　　(单位:万元)

| 房价 | 需要承担首付和月供 | 仅需要承担月供 |
| --- | --- | --- |
| 100 | 34.56 | 19.56 |
| 200 | 119.12 | 89.12 |
| 300 | 203.68 | 158.68 |
| 400 | 288.24 | 228.24 |
| 500 | 372.80 | 297.80 |
| 600 | 457.36 | 367.36 |

表4.4给出的是按10%年化收益率、支付月供前每年储蓄为5万元、贷款利率为3.6%、首付比例15%、期限30年的参数设置下,我们买不同总价的房子对应的财富积累要求。第2列与第3列展示的分别是需要承担首付和不需要承担首付情况下的计算结果。

从表4.4可以看出，随着房价的上升，对财富积累的要求越来越高。以需要承担首付和月供为例，如果要买200万元的房子，相比100万元的房子，总价上涨了1倍，但对财富积累的要求从34.56万元上涨了近2倍，至119.12万元。而如果要买600万元的房子，那么对财富的积累要求就达到了457.36万元，是买100万元的房子对财富积累要求的13倍！因此，在买房子的时候，你一定要选择与自己当前财富水平适配的房子。不要在自己财力还不充足的情况下，去买一套总价很高的大房子——那样不仅会让你现在承受巨大的财务负担，也会使得你的财富积累就此停止，对今后的生活产生非常大的负面影响。

表4.4不仅适用于初次买房的人，也适用于改善型住房的购买者。如果你已经有一套房，并打算卖掉这套房来置换一套更大的，那么卖房款就可以叠加在你现在积累的财富上。比如，你住的房子可以卖200万元，你积累的财富有100万元，两者加起来就达到了300万元，那么你就可以比较从容地去买一套400万元的房子。如果购买400万元的房子，首付15%，月供1.55万元，每年累计18.55万元。付完首付后，可用于理财的本金还有240万元，按10%的年化收益率，每年平均的理财收益有24万元，比每年月供的开支多了5.45万元，加上日常储蓄，你的财富增长依然可以继续。在这样的情况下，我不建议你去买一套600万元的房子。因为买600万元的房子，月供是2.32万元，一年下来是27.32万元。而此时你支付的首付达到90万元，剩余的本金只有210万元，按10%的年化收益率，每年平均的理财收益是21万

元，尚不足以覆盖每年的月供总额，你的财富积累会因此停滞。

买房是大多数人一生中最重要的财务决策。不合理的买房决策不仅扼杀了通过理财为老后生活做准备的可能性，也使人失去了对未来的美好盼望，不得不在还贷的压力下，陷入无休止的竞争与内卷当中。因此当你打算买房的时候，一定要仔细考虑，慎重决策。而且，最重要的是，房子本身不能带来幸福，真正带来幸福的，是一个温馨的家。

## 建立财富的保障层与增值层

财富管理时，我们经常会听到"资产配置"这个词，它的意思是，将用于财富管理的资金配置不同的资产，从而获得一个平衡收益与风险的资产组合。但实际上，我们首先要做的是"资金配置"，也就是将个人可支配的资金按用途进行划分，构建个人财富的保障层与增值层。其中，保障层资金用于应对日常生活开支和风险事件；增值层资金则是专门用于财富管理，取得财富的长期增值。具体如图4.3所示。

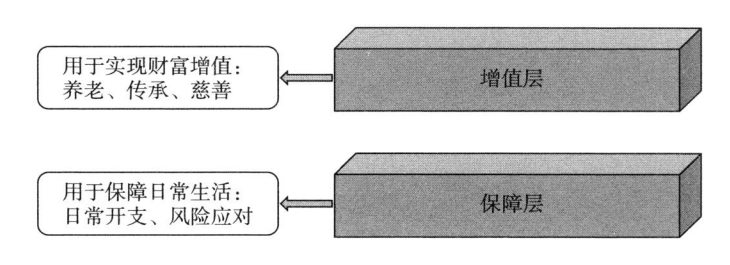

图 4.3 增值层和保障层的含义

保障层的作用，不仅是要应对日常生活开支和风险事件，还要保障增值层的资金不受日常生活和意外风险的影响。一旦保障层被击穿，就意味着增值层的资金不得不被支取，而这会导致增值层资金的投资运作不可避免地受到影响。因此，保障层在财富管理中具有核心的作用。

**构建坚实的保障层**

对工薪族而言，保障层资金主要来自工资收入，这也是绝大多数人保障层资金的来源。为了构建坚实的保障层，我们需要了解保障层的构成方式。

保障层＝日常收入－日常开支－风险开支

因此，构建坚实的保障层，关键就是从日常收入、日常开支和风险开支三个方面去优化。

第一，日常收入。日常收入是保障层的核心资金来源，对于保障层至关重要。针对日常收入，我们关注的不仅是数额，更重要的是稳定性，通过持续稳定的收入去建立足够厚的保障层。日常收入，又可以分为劳动收入和被动收入。劳动收入是对我们劳动的回馈，这本质上体现的是供需关系——既要稳定地提供劳动力，又要使劳动力在市场上有较大需求。所以，我们要构建个人的核心价值，使自己成为团队中不可或缺的一员，同时在工作、家庭、个人健康等多方面做好平衡，使自己能持续稳定地工作。被动收入指的是不需要工作就能获得的收入，包括出租房子或土地所获得的租金、理财收益等。但我不建议全职投资。投资难免有风险，短期内投资损益的波动很大，不能很好地应对日常开支的需求。

第二，日常开支。日常开支指的是平日生活所需的各项消费支出。如前所述，做出聪明又充满爱的消费决策，既能帮助你减少不必要的开支，又能帮助你通过合理的消费祝福自己与他人。日常开支是构建保障层当中的抵减项，因此节约开支对于构建坚实的保障层具有十分重要的意义。

第三，风险开支。风险开支是指为应对意外与风险事件所做的支出。比如遭遇重疾、意外事故这样的事件，其发生的概率较小，但一旦发生，就会导致大额开支，不仅会击穿保障层，甚至会使增值层产生大量的资金流出。因此，个人和家庭需要配置必要的保险产品，以应对风险事件的发生。本书第7章会详细讲解如何配置保险。

## 增值层的投资运作

增值层资金，按照"专款专用"原则，不可随意支取，用于财富长期增值。增值层资金的运作，需要遵循以下三个原则。

第一，需要长期视角。增值层资金，需要长期沉淀，不可随意支取，也不是用来应对短期开支，而是为长远打算，比如孩子的教育金、自己的养老金，或者未来的财富传承。因此，针对增值层资金的投资运作，我们需要以长期视角去看待，切不可急功近利，操之过急，不能用增值层资金去追逐短期收益，要报以耐心。

第二，需要提升股票资产的占比。股票资产虽然波动较大，但收益也更高。而且，因为增值层资金是以长期视角去投资运作，拉长时间来看，前期市场下跌带来的波动会被后期市场的上涨熨平，因此增值层资金长周期的投资运作也能抵御更大的风险。再则，股票资产的流动性比较好，买入和卖出比较容易，极大地提升了投资的灵活性。

第三，需要持之以恒。增值层资金的投资运作通常要数十年的时间，其间难免遇到波折，比如市场下跌了，投资亏损了，收益回撤了，投资决策失误了，或者财富增值太慢了。但既然是以长期视角去运作增值层资金，就不要过分看重短期的得与失。而且在早期，因为财富雪球还比较小，财富积累的效果的确会不明显。对于增值层资金的投资运作，大家要有合理的预期。增值层资金的投资运作不是突击战，而是持久战，不要因为遇到挫折而中断财富管理计划，要以持之以恒的心态，按照科学合理的投资计划进行运作。

## 做好资金配置的重要性

因为增值层和保障层的目的不同，而又都十分重要，所以两者之间达成稳定的平衡很关键。实际上许多人将过多的钱用于投资理财，导致日常生活十分紧张，有时因为生活意外开支或风险事件不得不从增值层取钱时，恰好被迫在市场大跌时卖出，导致亏损。

因此，当构建保障层和增值层时，你需要做合理的规划，做到保障层和增值层两者兼顾。在进行资金配置时，我有以下两点建议。

1. 保障层一定要留有富余。任何时候，都确保你的活期账户里有一些闲钱。这些闲钱能够帮助你在遇到一些大的、意想不到的开支时，从容应对。日常生活中，避免财务紧张是非常重要的，因为财务紧张会不可避免地带来沮丧与压力，并传导给家庭成员，甚至带到工作当中，产生负面的影响。此外，在活期账户里留有闲钱，能避免你支取增值层资金。保障层，不仅是保障日常生活，也是保障增值层资金的投资不受干扰。
2. 增值层的构建一定要持续，不要半途而废。许多人零星地、脉冲式地往增值层里投钱，然后就再也不投了。中断对增值层的投入，势必会降低你投入理财的资金量，长远来看会大幅降低财富积累的速度。不要让增值层的投资运作停止，要把增值层当作一个蓄水池：当你有富余的资金时，就投入这个蓄水池，而不是让你的钱就这么花掉、流走。通过持续的投入加上科学合理的投资运作，增值层将为你积攒一笔丰厚的财富。

# 第 5 章
# 更适合年轻人的财富增值之道：投资股票

## 股票的实际收益率更高

美国先锋领航（Vanguard）是全球最大的资产管理公司之一，为超过5 000万位客户提供资产管理服务，管理规模超过8万亿美元。先锋最著名的产品是目标日期型基金系列，管理规模超过1.4万亿美元。在这类基金中，先锋会按客户的年龄段，将资产配置在股票和其他波动较低的资产上。第一次看到这个资产配置的策略时，我感到非常惊讶。

根据这类基金的资产配置策略：25~40岁，90%的资产配置在股票上。

彼时，我刚参加工作不久，按照这个策略，我应该将90%的资金都放到股票市场里。比如，我每个月若能存5 000元，那就要将4 500元投入股票市场；我如果一年下来存了6万元，就要将5万元投入股票市场。但彼时的我刚参加工作，哪里敢把钱都投进股票市场。

更让我惊讶的是，按照这个策略，到 65 岁时，我依然要将 60% 的资产配置股票。这意味着，退休后，我 60% 的资金仍然在股票市场。可等我退休了，我就更不敢把钱放在股票市场了。我也没有见过父辈里有谁退休之后，把这么大比例的资金放在股票市场。

但后来做过一些分析之后，我就明白了为什么先锋会将股票资产作为财富管理中最重要且占比最大的资产。因为股票收益率更高，长期能带来更大的财富增值。

## 买股票，当股东，拿收益

按金融资产的定义，股票是在证券交易所可以公开交易的上市公司所有权凭证。这意味着，当你买了一家上市公司的股票，你就实际成为这家公司的股东，成为这家公司的众多所有者之一。因此，你可以以股东的身份，去分享这家公司的收益和成长，此时你的收益来源主要是以下两部分。

- 分红。当公司进行分红时，作为股东你有获得红利的机会。比如你按每股 10 元，买了 1 000 股上市公司 A 的股票。这家公司宣布每股分红 1 元，那么你就能获得税前 1 000 元的股利。分红通常是固定频次的，比如每年一次或两次。
- 股价上涨。当股价上涨时，你持有的股票价值会随之上升。

股价上涨的原因有很多。比如，如果一家公司发布亮眼的业绩报告，取得了高速增长，市场上的投资者就会追捧这家公司，纷纷买入，股价上升；比如，一家公司的核心技术取得了突破，有很好的发展前景，使得更多投资者看好这家公司，股价也会提升。

因此，当你买了一家公司的股票时，你就可以分享这家公司的分红和其业绩提升、技术突破等带来的成长收益。通过科学合理的投资方式，选出那些会给股东带来显著回报的公司，我们是有可能获取丰厚收益的。

**高波动，但也高收益**

股票的一个重要属性，就是价格波动比较大，这也是很多人对股票望而生畏的原因。股价受很多因素的影响。在宏观层面，经济周期、地缘政治、大国关系、政策走向等都会给股票市场带来波动，而这些都是很难准确预测的；在微观层面，上市公司自身经营也存在不确定性。

在金融法则里，波动总是和收益相伴。长期来看，为了吸引投资者，股票市场会提供一个相对较高的收益。而且，波动并不代表亏损，而是指价格变动的范围比较大，既有下跌，也有上涨。通过合理的分析，提升股票投资的确定性，更多把握股票上涨的机会，就能进一步提升股票投资的收益。

## 关于 A 股市场的常见误解

很多人对于股票投资、中国 A 股市场其实是有误解的。例如，有人说，在 A 股市场没什么挣钱的机会；有人说，A 股市场股价是被庄家操纵的；有人说，A 股市场没有投资价值。我仔细研究 A 股市场后，发现 A 股市场并不像大家想象的那么糟糕，相反，A 股市场非常有投资价值。

### A 股没有挣钱的机会吗？

大家身边投资股票的朋友，可能挣钱的不多，赔钱的不少，所以很多人认为股票市场没什么投资机会。但是，A 股市场真的没有挣钱的机会吗？我们先来看看图 5.1。图 5.1 是我国上证综指自 1990 年 12 月 19 日基准日起，至 2023 年 3 月底的走势。上证综指是反映 A 股市场整体上涨下跌情况的最核心指数。截至 2023 年 3 月 31 日，上证综指是 3 272.86 点。上证综指在 1990 年 12 月 19 日基准日的点位是 100。也就是说，上证综指是从 100 点，涨到现在的 3 000 多点，年化收益率达到 11.43%。

表 5.1 展示的是同期美国主要股票指数与上证综指的年化收益率对比。从表 5.1 中可以看出，上证综指的年化收益率超过了标普 500 指数和道琼斯工业平均指数，后两者的年化收益率均在 8% 左右，比上证综指要低约 3%！因此，A 股市场并不像很多人说的没有挣钱机会。恰恰相反，长期来看，A 股市场的收益是很不错的。

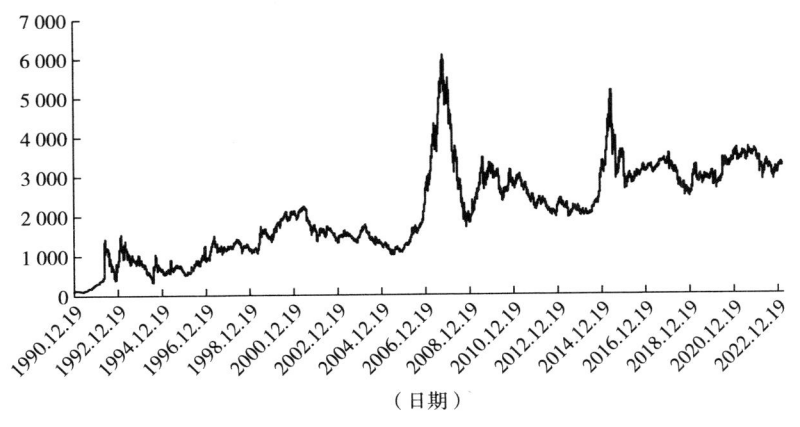

图 5.1 上证综指的走势

表 5.1 上证综指与美国主要股票指数年化收益率对比

| 指数 | 1990.12.19 点位 | 2023.3.31 点位 | 年化收益率（%） |
| --- | --- | --- | --- |
| 上证综指 | 100.00 | 3 272.86 | 11.42 |
| 标普 500 指数 | 330.20 | 4 109.31 | 8.13 |
| 道琼斯工业平均指数 | 2 626.73 | 33 274.15 | 8.19 |

诚然，A股市场波动很大，在许多年份都是下跌的，使投资者体验不好。但投资股票市场和储蓄不一样，不是放多久就拿相应的利息。股票市场的波动性，使大家需要用长期的视角来看待投资，而不能期望短期内就能获得收益。因此，我们应该抱着长期的心态去参与股票市场，而不是用炒股的心态。当你更平和、更有耐心地参与A股市场，你就能看到不一样的风景。

实际上，A股市场当前的微观结构使其具有非常独特的优势。在A股市场，约87%的交易量来自个人投资者，机构投资者的占比只有约13%。但是在美国股票市场，约89%的交易量来自机构投资者，只有约11%来自个人投资者。这个对比非常鲜明。这意味着如果在美国做股票投资，放眼望去，市场上都是非常专业的机构投资者，它们具有极强的收集和处理信息的能力，但凡有一丁点儿可以获得超额收益的机会，它们立马就能发现并抓住这些机会。所以在美国股票市场，个人投资者很难获得超额收益的机会。但在 A 股市场，我们的市场交易主体是个人投资者，市场上其实有大量机会没有被发现和利用，因此 A 股市场具有大量获利的机会，就像一个宝库等待投资者去发掘。

这是中国 A 股市场投资者所拥有的得天独厚的优势。实际上，可以说 A 股市场是迄今为止最适合做投资的股票市场之一。为什么这么说？因为在当下，美国、欧洲各国、日本，包括中国香港等市场都是以机构投资者为主，很难有超额收益的机会。回到 20 世纪 70 年代，美国股票市场也还是以个人投资者为主，但那个年代没有计算机，没有互联网，信息获取非常困难。然而现在，互联网四通八达，信息获取十分便捷，而且 A 股市场有将近 5 000 家上市公司，每天成交量 1 万亿元左右，交易十分活跃。我们的政治和经济稳定，监管机构也推行了一系列措施提升上市公司的治理水平。与此同时，A 股市场还是一个以个人投资者为主的市场，这当中就蕴含非常多的机会等待投资者去发掘。

## A 股市场的股价是被庄家操纵的吗？

如果股价是被庄家操纵的，即使我们花了很多时间和精力对股票进行分析，对未来股价做出预测，也无济于事，因为股价已经被人为控制了。这是很多投资者担心的。那么，A股市场真的是被庄家操纵的吗？为了回答这个问题，我做了一项研究，那就是专门去看股价是否反映信息。我研究的对象是公司大股东的交易这一信息。

A股市场从2005年开始股权分置改革之后，有比较多的大股东交易。大股东通常是指持有一家公司股票比例超过5%的股东，包括公司的控股股东、高管，以及机构投资者。大股东通常因为可以直接参与公司经营，与公司管理层沟通机会比较多，掌握的信息更全面，因此他们对公司经营情况的了解会比小股东更多。如果一家公司的大股东继续买入这家公司的股票，说明大股东对这家公司非常有信心，认为这家公司的股价还会上涨，这就传递出股价上涨的信号。如果股价能反映信息的话，那么我们应该看到这只股票在接下来一段时间里有上涨。反之，如果一家公司的大股东选择抛售这家公司的股票，说明这家公司的经营可能出现了问题，其股价在未来一段时间里应该会下跌。

根据这个逻辑，我们可以统计每周发生大股东交易的公司的未来股价波动情况。研究发现，正如我所预料的，那些大股东买入的公司股票在未来至少9个月的时间里都持续上涨，而那些被大股东抛售的公司股票则持续下跌。

依据这个规律，我们可以进一步比较两个不同的交易策略：每周分别购买上周公布有大股东净买入和净卖出的股票，并且持有1周。这两个交易策略所得到的累计收益率如图5.2所示。从图5.2我们可以看出，如果我们持续买入被大股东买入的股票，累计收益率从2007年开始就一直非常稳健地向上，到2013年年

第5章　更适合年轻人的财富增值之道：投资股票　　131

底达到150%左右。如果我们一直买入大股东卖出的股票，累计收益率一直向下，到2012年就会亏完所有本金。

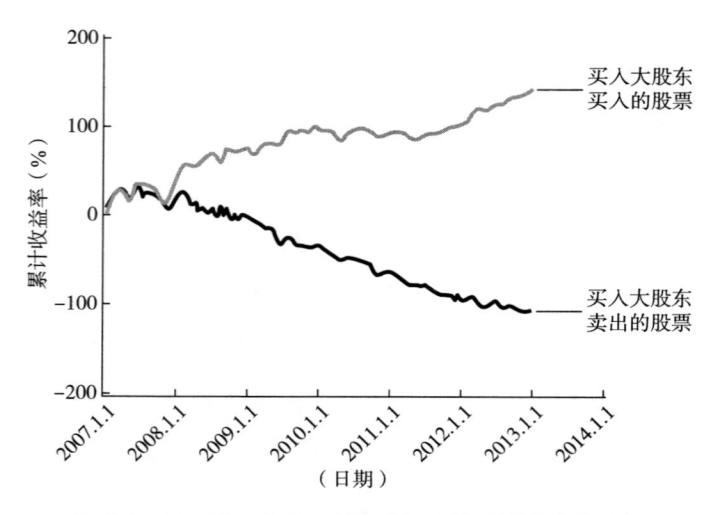

图 5.2　基于大股东交易的两种投资策略的累计收益率

资料来源：The information content of insider trading: evidence from China, Finance Research Letter, 2018.

这些结果表明，通过分析大股东交易这一信息，我们可以在一定程度上预测未来股价的涨跌。即使A股市场偶尔存在操纵股价的行为，但在愈加完善的监管机制下，这一现象也会得到极大改善。因此，我们只要使用科学合理的方法，认真分析，就能大概率在A股市场这样一个宝库里获得长期显著的回报。

## 如何寻找A股的投资机会？

A股市场独特的结构，孕育了非常丰富的投资机会，大家只要坚持理性投资，就能在这个市场中大概率获得长期丰厚的回报。接下来，我们用一个案例来说明。

### A股投资策略——基于股利贴现模型

这是一个基于股利贴现模型的投资策略。之所以把它放在第一个讲，是因为它相对简单。根据这个模型，基于一系列假设，股价等于股利除以贴现率与增长率的差值。

$$股价 = \frac{股利}{贴现率 - 增长率}$$

许多人会说这个模型太简单了，它的有些假设根本就不成立、不合理，但这个模型对于投资者其实具有重要的指导作用。通过这个公式，我们可以去想：什么样的公司值得投资？什么样的公司是好公司？

首先看分子——股利。什么样的公司能发放股利？一家公司首先要有盈利，才能发股利。其次，它得有比较充裕的现金流才能发股利。最后，从上述公式我们可以看出，股价和增长率成正比——增长越快，股价越高，公司越有价值。因此，我们就找到了三个评估好公司的指标：用于衡量盈利能力的权益回报率、现金流比资产和利润增长率。此外，还可以加上一个最常见的指标——市盈率，这是股票投资中最常用的衡量股票估值水平的指标。

我们可以进一步做一项实证研究：这四个指标能否帮助投资者选出好公司、好股票，带来收益？为了研究这个问题，在选定指标之后，还要设定每个指标具体的选股方式。我们当然希望盈利和现金流水平越高越好，增长越快越好，估值越低越好。为此，我设了以下 4 个不同的选股条件：

- 权益回报率>15%。
- 现金流比资产>10%。
- 利润增长率>20%。
- 市盈率<20 倍。

每个指标对应的具体数字都是依照公司财务分析的基础知识所设定的常见数值。我们首先来看一下在中国 A 股市场，满足这些条件的公司有多少。

表5.2　依据各个选股条件获取的股票数量　　　　　　（单位：只）

| 年份 | 权益回报率>15% | 现金流比资产>10% | 利润增长率>20% | 市盈率<20 倍 |
|---|---|---|---|---|
| 2004 | 258 | 295 | 462 | 409 |
| 2005 | 238 | 313 | 410 | 236 |
| 2006 | 353 | 364 | 562 | 45 |
| 2007 | 562 | 366 | 761 | 341 |
| 2008 | 385 | 385 | 386 | 140 |
| 2009 | 503 | 533 | 666 | 227 |
| 2010 | 618 | 430 | 846 | 275 |
| 2011 | 602 | 342 | 834 | 575 |
| 2012 | 509 | 480 | 624 | 607 |
| 2013 | 558 | 425 | 894 | 521 |

续表

| 年份 | 权益回报率>15% | 现金流比资产>10% | 利润增长率>20% | 市盈率<20倍 |
|---|---|---|---|---|
| 2014 | 566 | 481 | 931 | 125 |
| 2015 | 540 | 533 | 964 | 277 |
| 2016 | 615 | 635 | 1 155 | 291 |
| 2017 | 694 | 537 | 1 466 | 726 |
| 2018 | 725 | 668 | 1 101 | 881 |
| 2019 | 747 | 866 | 1 128 | 876 |
| 2020 | 886 | 952 | 1 250 | 857 |

表5.2是2004—2020年满足各个选股条件的股票数量，可以看出，满足所设选股条件的股票还是挺多的。比如现金流比资产>10%这个条件，2004年时满足这个条件的企业有295家，2005年达到313家，2009年上升到533家，2016年突破600家，到2020年已经有952家。其他选股条件类似，早期能选出300~400家上市公司，近几年满足条件的上市公司数量达到800~1200家。这些选股条件并不苛刻，市场上有大量上市公司能满足这些条件。

既然这些选股条件能选出很多股票，那我们就可以进一步根据这些指标，构建选股策略。要研究的问题十分明确：如果用这4个指标中的一个，每年去选一次股票，能否获得长期丰厚的回报？以现金流比资产>10%这个条件为例。在2005年6月份，按照上一年的年报，有295家上市公司满足条件。如果投资者买入并持有这295家上市公司，每只股票投入相同的金额，按等权重建立投资组合。持有一年的时间，等到第二年，即2006年6月底，依据更新的财务报表，找到新的一批满足现金流比资产>10%的上市公司，并用新的选股标的去替换之前持有的投资组合。如此循环反复，2005—2021年累计收益率会有多少？类似地，我们可以用权益回报率>15%、利润增长率>15%、市盈率<20倍分别构建策略，这样我们就得到4种不同的投资策略。在选股时，每次都只用一个指标，而且每年只交易一次，无论是选股还是交易，都十分简单。

如此简单的选股策略，在A股市场能否获得显著的收益呢？

2005—2021年上述4种选股策略的累计收益率如图5.3所示。2005—2021年，累计收益率达到1 600%，也就是16倍，对应的策略是市盈率策略，即每年选市盈率20倍的股票。其他策略的累计收益率都较高，在11~15倍，而同期上证综指只涨了200%。

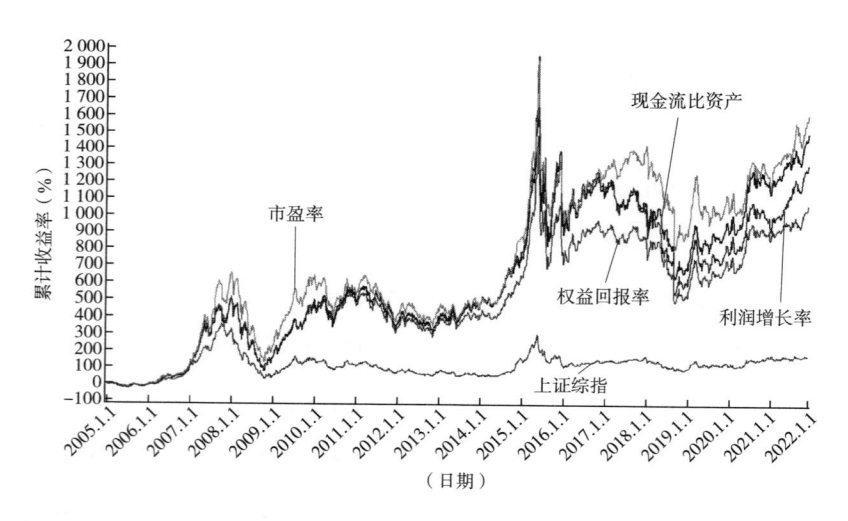

图5.3 2005—2021年4种选股策略的累计收益率

这并不是因为策略有多高级、多复杂，恰恰相反，这些策略在选股时只用一个指标，而且每年只交易一次。如此简单的策略在A股市场能为投资者带来丰厚的回报，从实证研究的角度，印证了A股市场蕴含着非常丰富的投资机会。

**理性投资，贵在坚持**

上述投资策略，看似简单，但要坚持下来，绝非易事。比如在2008年，按照这些策略去做股票投资，从年初到11月份，会亏75%左右。这意味着年初的100万元，不到一年时间，就亏得只剩下25万元。此外，2010—2014年，这五年的时间里面都没有正收益。一年还好，两年可能还能忍，但三年就觉得十分困难了，而这可是五年！

但是，理性投资，贵在坚持。坚持理性投资很难，但也是极其宝贵的。因为只有坚持理性投资，才能在大跌之后捕捉到市场反弹的机会，拿到长期的收益。比如2008年，A股市场的确让人备受煎熬，那一年投资者正经历着全球金融危机，但在2008年11月时，国务院颁布了"四万亿计划"，扭转了市场对经济的负面预期，股票市场随之迅速反弹。之后在2009年，不到一年的时间，投资者就能把在2008年遭遇的亏损全部弥补回来。又比如2014年，在经历了近五年熊市之后，在许多人都已经没有信心继续坚持下去的时候，2014年11月，A股市场迎来了波澜壮阔的一波牛市。哪怕只是赶上牛市的开头，在2014年11月至12月，投资者都有可能把之前的亏损弥补回来，而且净值会创新高。2005—2021年，只要坚持下去，投资者就有可能获得超过15倍的回报。

但是如果投资者在 2008 年年底或 2014 年 10 月时撤出，就会错过之后一段波澜壮阔的牛市，不仅投资收益无法创新高，而且无法弥补前期的亏损。

## 非理性投资的伤害

什么是非理性投资？缺乏金融学理论和科学严谨的投资逻辑作为支撑，脱离公司的基本面，都是非理性投资。具体可表现为追逐热门股、炒作市场热点等。

许多人选股常用的工具是龙虎榜。龙虎榜是沪深证券交易所公开披露的每日交易量最大、换手率最高或涨幅最大的股票。龙虎榜上的股票，大都是短期内炙手可热、被投资者所追捧的股票。很多人在投资股票的时候，并不看公司的基本面，而是别人投什么，他就买什么，市场哪些股票热门，他就买什么。

为什么大家热衷于投资热门股票？原因很简单。第一，热门股票在市场上被投资者所追捧，短时间内有很大的涨幅，以致人们会有一种预期——这只股票这么火，接下来还会上涨，所以要赶紧买入。第二，热门股票在市场上被投资者广泛谈论，因此投资者不需要进行任何分析就能听到这些股票的名字，大幅降低了投资者的选股成本。

追逐热门股票、追热点的投资方式，在市场上是否能够获得显著收益呢？为了分析这个问题，我们首先需要识别出热门股票。热门股票之所以热门，就是因为大家会谈论它们很多，而且在短期内有很高的收益。正因为这些股票很热门,会吸引大量投资者,它们的换手率也会相对较高。我将每周收益率和换手率都排在市场前5%的股票定义为热门股,以此去分析投资者如果每周都持续投资热门股票所获得的收益情况。

一位投资者2010—2013年按追逐热门股票的投资方式所获得的收益率情况如图5.4所示。2010年刚开始的时候,这样的投资方式的确能带来一些收益。但很快就急转直下,2013年年中的时候,累计收益率就下降至-100%。-100%意味着,这位投资者所有的本金都亏光了。

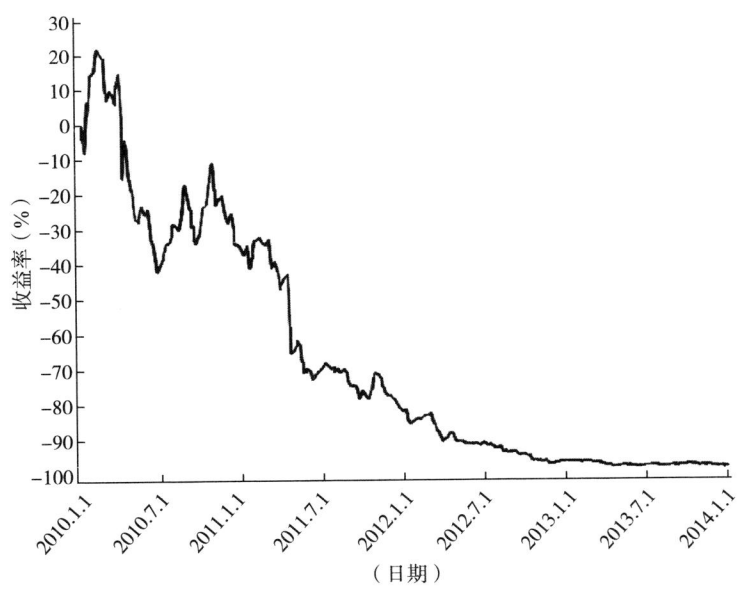

图5.4 2010—2013年追逐热门股的收益率

后来我也做了一些其他测试,发现无论是从2008年、2009年、

2010年、2011年以及之后年份的哪一年开始，按这样追逐热门股票的非理性投资方式，两三年的时间，投资者基本会亏光所有的本金。

这个结果就解释了为什么这么多人在A股市场亏钱，并不是因为A股市场不好，而是因为我们的投资方式是非理性的。

如图5.3所示，如果理性投资，哪怕只采用一个基本面指标，每年只交易一次，投资者依然能在16年的时间里获得超过15倍的收益。对比之下，如图5.4所示，如果非理性投资，去追逐市场热点且频繁交易，那么两三年里，投资者很可能会亏光所有本金。

在同样的市场，采用不同的投资方式，带来的投资结果完全不同。所以，请以理性投资的方式，将财富如同播种一般，投向股票市场，然后耐心等待，静候花开！

## 跟巴菲特学习股票商业分析

很多人在选股时，会出现两个极端。一个极端是，认为选股票是一件很简单的事情——听听小道消息，看看龙虎榜，股票就选出来了。但实际上，如果仅仅是追逐热门股票，很可能会带来大幅亏损。另一个极端是，认为选股是一件很复杂的事情，需要深入了解一家公司的产品、技术，掌握非常多相关行业的知识，对其供应商、客户、上下游的整个产业链需要有深入了解，等等；或者认为股票投资是那些有特别深的金融背景或者有长期投资经验的人才能做的事情。

但选股其实既不那么简单，也没有那么复杂。只要通过行之有效的商业分析和基于公司财务和估值的基本面分析，我们就可以选出值得投资的标的。截至 2023 年 4 月底，A 股市场有近 5 000 家上市公司。我们用并不复杂的方法，就能在这样一个庞大的群体中选出值得投资的标的。

## 什么是上市公司的商业分析？

以下利用几个巴菲特非常著名的投资案例来具体介绍。

### 巴菲特投资可口可乐

可口可乐是巴菲特众多投资案例当中最知名也最经典的一个。他当时是怎么选出这家公司的呢？

1988 年的秋天，巴菲特开始买入可口可乐的股票，当时很多华尔街分析师不看好这一举动，因为他们认为可口可乐公司的市场份额迟早会被其他饮料公司抢占。此外，根据可口可乐公司的财务报表，其利润相较于前一年下降了 2%，市盈率介于 14~19 倍。当时，可口可乐的股价范围为每股 35~45 美元。1988—1989 年，巴菲特持有可口可乐约 7% 的股票。截至 1994 年 8 月，经历长达 7 年的建仓，巴菲特持有可口可乐 7.8% 的股份，总成本大约是 13 亿美元。截至 2010 年 9 月，这笔投资的未实现收益为 117 亿美元，收益率高达 900%。这是巴菲特著名的投资成就之一。

巴菲特在可口可乐上面投资了 13 亿美元，收益率达到 900%，但他最初买入可口可乐时，并不是可口可乐如日中天之时。相反，在一些专业人士看来，可口可乐公司并不具备竞争优势，股价也并不便宜。那么，巴菲特是如何看待这家公司的？

1991年，巴菲特在美国圣母大学演讲时说道："我们拥有7%的可口可乐。如今8盎司（约236毫升）的可口可乐每天在全球范围内的销量约为6.6亿杯，按7%去分摊，等于我们每天有销量超4 500万杯的生意。我们就是这样思考生意的。我告诉自己，要是可口可乐每涨1美分，那么伯克希尔-哈撒韦公司就多赚45万美元。这真的很不错。每当夜里我要去睡觉的时候，我就想到明天早晨醒来可口可乐又有2亿杯的销量了。"

从巴菲特的这段话可以看出，他在投资可口可乐时，不是以买股票的思路去操作，而是从商业的角度去思考的。当他想到可口可乐时，他想的是这家公司生产的核心产品每天在全球有6.6亿杯的销量，而他持有7%的股份，实际上是做成了一笔每天销量超4 500万杯的生意。

## 巴菲特投资吉列

吉列公司由金·吉列创建于1901年。吉列剃须刀在第一次世界大战和第二次世界大战时均为美国士兵的军需品，吉列由此开始快速发展，并成长为国际性品牌，其在剃须刀领域的全球市场占有率曾高达71%。1989年，吉列公司掀起了"吉列——男人的最佳选择"的广告热潮，并成功推出感应器剃须刀系列产品，还促成了一批畅销产品的问世。吉列当时发行了一种可转换优先股，年利息为8.75%。巴菲特用伯克希尔的资金买入了6亿美元的吉列可转换优先股，获得了吉列公司11%的股份、一个董事会席位及每年5 250万美元的稳定股利。不到两年，6亿美元的投资增值到8.5亿美元。当2005年宝洁宣布收购吉列并完成吉列旧股换宝洁新股手续之后，这笔投资合计净赚44亿美元。

剃须刀其实很有讲究。刀片太钝，胡子就刮不干净；但如果太锋利了，就容易刮破皮。吉列在制造剃须刀时对这个度就有独到的把握。此外，吉列的定价策略也是一大创新。吉列的剃须刀价格比较低，但刀片比较贵。用户使用了吉列的剃须刀之后，通常因为较好的使用体验去复购刀片。因此，吉列通过这种定价的策略，一方面拥有很大的客户群体，另一方面维持了较高的利润水平。

可口可乐公司和吉列公司有哪些共同特点？

第一，两家公司都有广大的客户群体，在各自领域都占据绝对领先的市场份额，由此获得稳定且巨额的现金流。

第二，客户黏性极高。尽管都是可乐，但味道存在一定的差异。可口可乐独特的口感，使客户一旦选中可口可乐，就很难再转向其他可乐。吉列也是如此。许多使用过吉列剃须刀的朋友都有这种体会：用惯了吉列，就不大可能换其他品牌。这两家公司所具有的竞争优势并不是转瞬即逝的，而是在漫长的时光中逐渐体现并持续的。

巴菲特在评价他的股票投资时说过："这些股票对我们来说代表着和杰出企业之间的长期合作关系，我们不会只看企业近况就决定买入或卖出。"

由此可见，巴菲特在投资时，并不看重短期的波动与得失，而是看长期，强调与杰出企业的合作。

因此，当我们说"向巴菲特学习股票投资"时，我们恰恰应该摒弃以买股票的思路投资股票。在买入一家上市公司的股票时，我们的出发点应该是和一家杰出的企业建立长期的关系。因此，买入股票的决定不取决于市场短期的波动，也不取决于这只股票近期的表现，而取决于你相信这是一家杰出的企业并愿意和它有长期的合作。

很多人会把股票投资说成"炒股"。"炒"是短暂的，是烹饪方式当中最简短的动作，菜可不能一直炒。因此当人们说"炒股"时，很多时候是把股票投资当作一种短期行为，这与和杰出企业建立长期合作关系的理念相去甚远。

那么，什么是杰出的企业？巴菲特曾总结了一个著名的投资四重过滤器：可理解的一流业务、可持续的竞争优势、一流的管理层，以及可以用一个比较便宜的价格买入。其中前三点——业务、竞争优势、管理层，都属于商业分析的层面。

具体而言，商业分析的内容包括：业务本质、行业地位、经营策略和公司治理。接下来我们将逐一介绍。

**业务本质**

分析业务本质时，我们要看这家公司的业务主线、主要产品、服务和技术。但是当我们思考一家公司的业务时，我们首先需要明白：我们是没有办法看透一家公司的。一个外部人去看透一家公司几乎是不可能的。比如，研究一家医药公司，外部投资者很难了解该公司药品的机理、合成方式，因为这些都是专利技术、商业机密。

分析一家上市公司的业务，我们的着眼点应在于它的商业模式，要了解它到底是怎么挣钱的：它的投入是什么？产出是什么？通过生产、经营活动，能否产生盈利？这个盈利是不是可持续的？因此，归根到底，着眼点主要是以下两方面：

- 可盈利性。可盈利性指的是该公司通过经营其主营业务，获得盈利的可能性。这其实是许多公司缺乏的。许多公司通过低价甚至是免费提供产品或服务来吸引客户，用亏损换取流量。但当这些公司逐步提升价格时，用户是否愿意继续付费？最终能否获得盈利？这些都是不确定的。
- 可持续性。可持续性关注的是公司经营成果的可持续性——过去好的表现是否能够在未来得以延续。生产经营活动中的很多短期行为都无法带来长期效果。比如，短期的削减研发支出会造成长期的竞争力受损，短期的促销活动无法带来长期的收入上升等。

我们以共享单车企业为例，来说明如何分析企业的可盈利性和可持续性。

### 为什么共享单车企业纷纷倒闭？

1. *产品同质化严重*

共享单车企业提供的产品和服务几乎完全一样——自行车租

赁。不同的可能只是坐垫的舒适度、故障率等。如此同质化的竞争，导致共享单车企业的盈利能力受到极大打压。

2. 客户黏性低

同质化竞争导致客户黏性低。共享单车企业间的价格战、免押金等活动，使用户容易转向其他共享单车企业。甚至，当共享单车开始提价时，用户会转向自购自行车或步行。

3. 应用场景单一

出于安全考虑，共享单车企业都不会在车身上贴广告。此外，共享单车也很难在App上打广告以获取广告收入。人们在使用共享单车时，通常是比较急着去一个目的地，扫码成功后，就会将手机收起，每次使用App的时间非常短暂，也无暇顾及一些弹出的广告。而且，平时也不大可能掏出手机后打开共享单车的App进行浏览。

4. 用户贡献价值低

正因为应用场景单一、用户停留时间短，导致用户不大可能为共享单车企业贡献太多价值。即使有广大的用户群体，依然无法带来大量的广告业务。

5. 走的是互联网路线，实际上却是重资产企业

最核心的问题在于，共享单车企业虽然号称互联网企业，本应走互联网企业所采用的轻资产路线，但共享单车企业实际上采用的是重资产的业务模式，即通过采购大量的单车，占据城市的街头巷尾，才能获得用户。然而这样的经营方式，导致共享单车企业不得不面对高昂的运营成本——维修、折旧，而且每两三年

就要将几千万辆共享单车全部淘汰更新,这成本可想而知。

通过以上分析,就能看出共享单车企业的问题,其可盈利性、可持续性都是存疑的。从上述案例可以看出,只要立足于可盈利性和可持续性这两个着眼点,对上市公司的业务本质进行分析并不难。

## 行业地位

当谈到对上市公司的行业地位进行分析时,大家可能会想,是不是就要买龙头股?其实不然。当分析一家公司的行业地位时,我们不仅要关注它的市场份额,还要关注它的成长前景。

龙头股固然是其所在行业当中的翘楚,市场份额最大、影响力最大、知名度最高,但如果我们换一个角度去想,一家公司已经是龙头股了,那么它的成长前景就非常有限了,因为增长空间已经不大了。

### 中国智能手机行业的龙头更替

国内智能手机行业经历了数轮龙头的更替。智能手机最早是由苹果公司设计和发明的,因此苹果公司在很长一段时间里占据国内智能手机市场的龙头地位。但在 2012—2013 年时,苹果被三星赶超。原因是,三星非常敏锐地注意到用户喜欢使用大屏手机,因此 2012 年三星率先推出了大屏手机 Galaxy 系列,在中国大获成功,一举赶超苹果。后来国内的厂商也陆续推出智能手机，比如小米、华为、OPPO和vivo。这些企业凭借高性价比和产品设计上的不断推陈出新，迎头赶上，超越了三星。

因此，具有成长前景的很多时候并不是那些占据龙头地位的企业。相反，一些企业虽然当前并不是龙头，但是有潜力去赶超那些龙头企业。它们具有广阔的成长前景，投资收益也会更加丰厚。因此，投资者不要执着于投资龙头股，可以多关注这个行业里的第二名和第三名，找到那些有赶超潜力的企业，它们的成长空间是非常大的。

## 经营策略

一家企业的经营策略非常关键，需要和当前发展阶段相匹配，这样企业才会有良好的发展。否则，它就有可能陷入危机。经营策略主要分为以下几个维度。

### 创新与模仿

创新与模仿是经常被谈论和比较的经营策略。诚然，一家公司要做大做强，建立核心竞争力，归根到底需要创新。但是不是从一开始就要创新？肯定不是。创新的好处是建立核心竞争优势，但问题在于创新的不确定性很高——投入很多、风险很大。如果一家公司一味追求创新，最后可能企业还没发展起来，就已经面临严峻的生存问题了。

企业拓展一项新业务或进入一个新领域时,通过适当的模仿、采用成熟的技术和经过验证的商业模式,能提高创业的成功率,避免走弯路。当业务发展到一定阶段,资金、人才等资源储备比较充足了,就需要通过持续创新来提升竞争优势,使业务得到进一步发展。

**集中与分散**

集中是指公司把主要精力投入单一业务,抓准一个赛道,主攻一个产品,在这个领域做到第一,做到最强,做到最好。分散是指一家公司有多个不同的业务和产品。那么,到底集中好还是分散好?这并没有一个定论。集中化战略可以帮助企业获得优势,但也导致其经营受行业波动的影响较大;分散化战略能够帮助企业分散风险,但可能会导致企业缺乏核心竞争力,或因业务过于分散、投资过多而陷入财务困境。评判企业集中化战略或分散化战略的核心,在于其所经营的各项业务是否能够有机结合,彼此互补,形成统一的整体,发挥很好的协同作用。

**高盛的多元化业务**

高盛,作为一家全球知名的投资银行,以其卓越的投行业务著称。然而,高盛不仅有投行业务,也有交易业务、财富管理业务、PE/VC(私募股权投资/风险投资)业务等。为什么高盛没有专注于投行业务本身呢?比如,一家知名企业谋求上市,在高盛为其提供股票发行的业务之后,其创始人张女士现在有1亿股股票。等持股解禁能够上市流通之后,张女士就有减持套现的需求，但卖出如此巨量的股票可不是一件容易的事情。首先，高管减持股票是监管的重点，有严格的法律法规需要遵循。其次，高管减持股票，从消息层面来说，是利空；从交易层面来说，大量卖出也会压低股票价格。这都说明张女士减持套现需要专业机构来协助。这个时候，高盛的交易部门就会为其提供相应的业务支持。当套现完成后，张女士手里已经有了一笔巨额资金，这时她就会有财富管理的需求，而这正是高盛财富管理部门所擅长的。当高盛获得这笔委托打理的资金后，就可以利用其PE/VC业务，将其投向有潜力的公司，待这些公司成长后，首次公开募股（IPO）时又可以成为高盛投行业务的客户。

其中最知名的例子就是阿里巴巴。高盛是阿里巴巴最早的天使投资人，也是阿里巴巴在美国上市的主承销商。可以看出，高盛从投行业务起步，逐步衍生出交易业务、财富管理业务和PE/VC业务，最后又反过来支持投行业务，整个业务形成了一个闭环，彼此扶持，为客户提供一站式金融服务，建立了极强的客户黏性，极大地促进了高盛整体业务的发展。

因此，对于分散化经营的企业，只要不同业务之间形成互补，协同发展，资源共享，那么就能促进整体业务的发展。

**兼并收购**

企业会建立不同的并购战略，期望通过并购的方式直接获得额外的利润增长点。此外，并购获得的业务与现有业务也可能协同发展，相互促进，实现双赢。一些大型企业的成长过程恰恰是通过非常成功的并购，突破瓶颈，获得下一时代的流量。

## 谷歌收购安卓

谷歌是一家非常成功的科技公司。谷歌的发展史不仅是一部互联网发展史，更是一部成功的兼并收购史。谷歌的发展和它的兼并收购是密不可分的。其中，谷歌收购安卓，是谷歌历史上最成功、最精妙的一次兼并收购。

谷歌的主要产品是搜索引擎。人们在上网时，通常会打开谷歌，在搜索栏里面输入关键词，点击一下就出现了很多网页链接。所以谷歌凭借搜索引擎，实际上成为一个互联网的入口。当谷歌成为互联网的入口时，意味着互联网流量都会经过谷歌，从而衍生出了庞大的广告收入。这也是谷歌最主要的收入来源。

但安卓是一个智能手机操作系统的开发商。谷歌为何要在2005年收购安卓呢？

在这里我们就不得不提一下谷歌的两位创始人：拉里·佩奇和谢尔盖·布林。他们不仅是互联网搜索领域的开拓者，还是非常杰出的、具有深邃商业洞见的企业家。他们2005年的时候就在思考一个问题：基于电脑的互联网时代，谷歌是流量入口，那在下一个时代，互联网还会基于电脑吗？他们敏锐地觉察到，未来人们接入互联网最关键的入口将不再是电脑，而是智能手机。在2005年智能手机尚未普及的时候，他们就有了这样的洞见，这是非常了不起的事情。

为了巩固谷歌的优势，他们想了一个非常巧妙的办法：不是自己去制造智能手机，而是收购安卓，并将安卓开发的智能手机操作系统免费开源给智能手机厂商去使用。因此后来涌现出的大量智能手机厂商就直接把安卓系统装到了自己生产的手机里，使得安卓系统成为数亿台设备的操作系统。而在这个系统中，默认的搜索引擎就是谷歌。谷歌就用这样一种非常巧妙的方式，在基于智能手机的互联网时代，再次成为互联网的入口。

2005年，当时整个智能手机行业还没有成长起来，甚至还在萌芽阶段，安卓就成为谷歌旗下的一家企业。谷歌通过收购安卓，进入智能手机这个领域。谷歌2022年的收入达到2 808.75亿美元，而当年它收购安卓不过花了5 000万美元。因此，通过兼并收购获得新的利润增长点，也是企业在发展过程中非常关键的策略。

## 公司治理

分析公司治理就是要去评估这家公司的管理层是否正直、诚实、忠于职守且出色地带领公司进行各项生产经营活动。分析公司治理，其实是在回答：这家公司的管理层是否值得信赖？你是否愿意和这家公司的管理层进行长期合作？

但说实话，对一家公司的管理层进行品行方面的评估是非常困难的。普通投资者几乎不可能见到上市公司的管理层。也许每年在股东大会上能见一次，但那是在非常公开的场合，听公司高管讲述业绩情况，仅此而已。投资者无法与公司管理层进行深入沟通，因此很难评估管理层是否值得信赖。

虽然困难，但办法还是有的。比如，投资者可以去看这家公司管理层的持股情况。如果一家公司的管理层有很多持股，那管理层就更有可能和股东是一条心，是本着股东利益最大化的原则去经营企业的。再就是，投资者可以去分析这家公司管理层的薪酬和其业绩是否有较高的关联度，换句话说，管理层的薪酬是否和企业的经营业绩是挂钩的。如果这家公司管理层的薪酬和经营业绩是高度挂钩的，那么管理层就更有可能经营好公司，因为公司业绩好，自己的薪酬也就更高了。

## 另一种思路：负面消息一票否决

对一家公司进行商业分析，包括上述提到的业务本质、行业地位、经营策略和公司治理四部分内容。大家可能还是会觉得这样的分析方法包括的内容有点多，也比较复杂，那么有没有更简单的方法呢？

在实际投资中，大家可以采用"负面消息一票否决"的方法来进行商业分析。也就是说，大家不一定要去分析上市公司的方方面面，以此对其进行综合评估之后再做决策，而是可以通过负面信息筛查的方式，对股票进行过滤。大家只需通过常用的股票资讯客户端，浏览一家上市公司的公告和资讯，一旦看到负面消息，就对这家公司一票否决。用浏览公开信息的方式进行负面消息过滤能很快筛掉有问题的企业，这是一种有效的商业分析方式。

那么，上市公司出现了哪些负面消息，就不建议去投？以下负面清单供大家参考：

- 财务方面：预亏，预减，出现债务逾期。
- 生产方面：遭遇事故、诉讼，供货商断供。
- 监管方面：受到行政调查、处罚。
- 经营方面：核心技术人员离职。
- 股东方面：大股东之间出现公开矛盾。
- 销售方面：失去大客户、大经销商。

通过对以上负面消息进行筛查，实行一票否决，将这些公司排除在可投范围之外。

## 小结

当我们去投资一家公司、买一只股票时，我们需要对其进行商业分析，因为买股票实际上是与一家杰出的公司建立长期合作关系。商业分析包括以下四个方面：

- 业务本质：着眼点是一家公司的可盈利性和可持续性，对以上内容进行定性分析。
- 行业地位：不要只买龙头股，还要找具有广阔成长前景的公司。

- 经营策略：关键在于其策略与公司当前的发展阶段是相适应的，不同业务具有协同作用。
- 公司治理：查看管理层的持股，薪酬是否和业绩挂钩，大股东之间是否有冲突等。

你如果觉得以上这四个部分的分析还是太复杂了，还可以通过"负面消息一票否决"的方法，剔除那些风险比较大的企业。

商业分析的关键在于理念的转变。我们投资股票，不是炒股，不是通过这只股票的近期走势去判断该买还是不该买。就像巴菲特所说的，股票投资的本质是要与一家杰出的企业建立长期的合作关系，这是股票投资的关键。

## 如何分析企业的资产负债情况？

我们为什么要对企业进行财务分析？这与我们怎么理解股票有关。股票是上市公司的所有权凭证，换句话说，你买了一家公司的股票就成为这家公司的股东，也是它的所有者之一。因此，买股票的前提是你认可这家公司，而这就需要你对这家公司进行一定的分析，了解其经营状况。

上市公司会每年定期披露其财务报表，这为投资者分析上市公司的经营情况提供了丰富的数据来源。财务报表并不像很多人想的那么复杂。当我们把自己当作企业的经营者，以经营者的视角去看待财务报表中的数据，去思考数据背后的状况，就能很好把握企业的经营情况。即使你以前没有相关背景、知识或经验，也不用担心。财务报表分析的核心是分析财务指标，每一个财务指标的背后都是一个有关企业经营的故事。因此我们能通过财务报表分析，了解企业的情况，发掘企业背后的故事，这是一件非常有意义也十分有趣的事情。

上市公司会定期发布三大财务报表——资产负债表、利润表、现金流量表。接下来我们对这三大报表进行逐一分析，本节的重点是分析资产负债表。

## 什么是资产负债表？

资产负债表是反映企业在一定日期的资产、负债和所有者权益状况的主要会计报表。简单来说，资产负债表就像一张照片，将公司的家当全部呈现出来。通过分析资产负债表，我们可以知道这家公司有多少家当，这些家当中有多少是公司股东的——这部分是所有者权益，有多少家当是借钱买的——这部分是负债。

更进一步去分析资产负债表时，我们会发现它的内容非常丰富。一家公司的资产，按变现能力可以分为流动资产和固定资产。两者的区别就像在银行存钱，有的时候是存活期，支取灵活；有的时候是存定期，到期才能变现。流动资产就是1年之内就可以变现的资产。换句话说，这些资产可以很快折合成现金。固定资产，包括设备、土地、厂房等，不是想卖就能立刻卖掉的。

一家公司的负债，可以分为短期负债和长期负债。短期负债是指1年之内必须偿还的负债，长期负债是指不需要在1年内偿还的负债。

所有者权益，等于资产减去负债，也就是这家公司把欠的债全部还掉后剩下的资产，这部分资产就是属于股东的。真正属于股东的钱分为两部分：一部分是股东给公司投的钱，这部分是实收资本；另一部分是公司通过经营所挣的钱，这部分是留存收益。因此，所有者权益分为两部分：一是实收资本或资本公积，二是留存收益或盈余公积。

## 七个指标，快速看懂资产负债表

通过资产负债表，我们可以得到一些十分重要的财务指标，利用这些指标来判断这家公司的资产负债状况是否健康。对于资产负债表，我们可以重点分析以下七个指标。

**流动性**

流动性，就是指这家企业现在有没有足够的钱去应对各种开支。通俗来讲，就是这家企业手头是否宽裕。流动性是非常关键的指标。因为如果一家企业的流动性不好，短期内有笔钱还不上，那这家企业就有可能倒闭。

如何衡量一家企业的流动性？最直接的办法是，短期负债比流动资产。这个比例越高，意味着企业的流动性越差。比如说，短期负债比流动资产的比例是90%，这意味着，如果将这家企业的流动资产全部变现的话，可以应对接下来1年之内的所有开支。

但也仅是刚刚够用，因为短期负债占到了流动资产的 90%。如果这一年里，企业遇到了一些天灾人祸或其他意想不到的开支，钱就不够用了，流动资产就没有办法覆盖所有的短期负债。

企业的流动性较差会带来什么后果？这就需要进一步分析短期负债到底由哪些构成，也就是企业短期内欠谁的钱。比如，欠员工的钱，叫应付工资。一家企业如果短期流动性有问题的话，就会欠薪，导致员工离职，人员流失，员工的积极性也会大打折扣，这对企业经营当然会带来很大影响。又比如，这家企业可能会短期内还不上银行的钱，那银行就会中止贷款，这也会对企业的可持续经营产生影响。再比如，企业可能会拖欠供货商的钱，那么供货商就不再供货，企业的生产经营活动就会被迫中断。因此，如果一家公司的流动性出现问题，一定是大问题。

**现金持有水平**

持有现金对于企业的可持续经营是至关重要的，它是企业流动性的核心组成部分。现金资产包含货币现金、活期存款、可随时变现的证券组合等，它是企业资产中支付能力最强的资产。现金资产能快速变现，因此可以帮助企业灵活应对各种开支。一家企业如果缺乏充足的现金，就容易出现流动性危机，而且无法把握转瞬即逝的投资机会。因此，现金资产既影响企业的生存，又关乎企业的发展，对于企业的经营具有重要作用。我们用现金比资产来衡量一家企业的现金持有水平。

**杠杆水平**

除了流动性，我们还要看杠杆水平。杠杆水平反映的是这家企业的资产质量——有多少是归自己的，有多少是借别人的。衡量企业杠杆水平的方法是总负债比总资产，也被称为资产负债率。

如果一家企业的资产负债率很高，这不是一件好事情。比如，如果一家企业的总负债比总资产的比例是80%，这意味着这家企业的资产有80%是借来的，这么高的比例会带来一系列的问题。

第一，因为借债很多，企业就需要去支付大量的利息，所以当它挣来一笔钱之后，首先就得去还利息，从而无法将这笔钱用于把握新的发展机会。因此，资产负债率很高的企业的发展前景会受到很大的限制，即使有好的项目、好的发展机会，它也把握不住。

第二，如果一家企业的资产负债率很高，它的经营模式通常是不可持续的。因为它很难再从银行获得新的贷款，一旦银行停止对其放贷，它的生产经营活动就会受到非常大的影响。我们看到国内许多企业，特别是房地产企业，当银行拒绝给它们贷款的时候，通常会导致大面积停工，这不仅影响生产经营的可持续性，也对企业形象带来极大的负面影响。

因此，资产的质量非常重要。一家企业的资产规模非常大并不足以使其成为一家好企业，还要看其杠杆水平。资产负债率过高，是一个非常值得警惕的现象。

**存货比例**

存货比例是一个非常重要的指标。存货是指一家企业已生产出来但尚未出售的产品。一家公司存货很多，好还是不好？大家可能会说，如果没有存货，还怎么销售呢？但是如果存货高企，这一定是一个非常负面的消息。因为这很可能意味着这家企业的产品滞销了，在市场上不受欢迎了。这也说明，这家企业的技术可能被市场淘汰了，它的产品已不适合当前的潮流。

这样的例子比比皆是，比如早年的诺基亚。诺基亚曾经是功能手机的王者，在20世纪90年代，诺基亚手机绝对是质量与品质的象征。但是在智能手机推出之后，诺基亚就落伍了。诺基亚的手机不再是大家争相购买的产品，它的存货就高企了。关键在于，这不是一个短期的现象，而是一个长期的现象。这意味着这家企业在市场上被淘汰了。

所以，千万不要忽视一家企业存货高企的情况。我们通常用存货比收入或存货比资产来衡量企业的存货是否处于一个比较高的水平。如果看到一家企业的存货比例较高，一定要警惕。

**应收账款**

应收账款是另一个需要关注的指标。应收账款是一家企业允许客户赊账，从而在账面上形成的一个还没有获得但已经实际发生的收入。从账面上来看，这笔收入发生了，但这家企业又没有从客户处收到这笔钱，所以就形成了应收账款。我们通常用应收账款比资产来衡量应收账款的水平。

应收账款好不好？有人认为，应收账款是一种促销手段，应收账款多代表客户多、收入多。但应收账款其实不好，原因主要有以下两点。

第一，应收账款可能收不回来。应收账款是客户赊账，但客户如果还不上这个钱，应收账款就不能形成利润，反而形成坏账，带来的是亏损。试想，企业把产品卖给客户而客户没办法去支付货款，这自然就成了亏损。所以应收账款是一个隐患、一个风险。

第二，应收账款有可能是假的。应收账款有可能是这家企业为了操纵收益与利润所编造的一个账目。换句话说，应收账款有可能意味着企业在会计造假，虚增收入和利润。会计造假是监管处罚的重中之重。如果企业被查出会计造假，它的股价一定会大跌。因此，应收账款比总资产的比例很高的话，也是一个负面的信号。

**应付账款**

除了应收账款，我们也要关注应付账款。如果应收账款是负面的信号，那应付账款呢？应付账款是正面的。为什么呢？应付账款又是怎么产生的？

应付账款是指企业向供货商购买了一批产品或服务，但是没有立刻付钱，供货商也允许赊账，这样这笔钱在会计科目里面就成为一笔应付账款。应付账款是指应该付但现在还没付给供货商的钱。

应付账款多的话，好还是不好？大家可能会说，这不好。如果企业有钱，财务状况好，它就应该把这笔钱付掉。一家企业的财务状况有问题，才会不给供应商付货款。

但大家要知道，应付账款是双向的。一家企业选择延期支付，相应地，供货商也得允许它赊账。我曾经做过应付账款的研究，主题是：一家企业的应付账款能否被用来预测其未来股票收益率？我发现，一家企业如果应付账款很高，未来它的股票收益率会更高，而不是更低。

这是因为，如果一家企业的供货商允许其赊账，特别是这家企业自身财务状况并不是很好的情况下，大概率是因为供货商对这家企业的未来有正面的预期，所以现在才愿意去冒风险允许其赊账。这样等这家企业走出当前的财务困境之后，两者可以建立重要的合作伙伴关系，未来供货商就可以从这家企业获得一个更稳定的收入。

所以应付账款反映的是供货商对企业的正面预期。我们通常用应付账款占总资产的比例来衡量应付账款的水平，这个比例较高时，传递出的是正面信号。

**留存收益**

最后一个需要关注的指标是留存收益。通常用留存收益除以总资产，来反映企业通过经营所积累的盈利占公司总资产的比例。这个比例越高，说明企业通过经营积累的收益、利润越高，表明其具有较强的盈利能力。

当我们将每个指标背后的逻辑都梳理清楚后，就会发现这些财务指标其实并不复杂，所以大家不要觉得财务分析是很复杂、很难理解的。

## 小结

对于资产负债表，需要关注七个指标，具体如表5.3所示。

表5.3 资产负债表中需要关注的七个指标

| 指标 | 构建方式 | 使用方式 |
| --- | --- | --- |
| 流动性 | 短期负债/流动资产 | 正向 |

续表

| 指标 | 构建方式 | 使用方式 |
|------|---------|---------|
| 现金持有水平 | 现金/资产 | 正向 |
| 杠杆水平 | 负债/资产 | 反向 |
| 存货比例 | 存货/资产 | 反向 |
| 应收账款 | 应付账款/资产 | 反向 |
| 应付账款 | 应付账款/资产 | 正向 |
| 留存收益 | 留存收益/资产 | 正向 |

## 如何分析企业的盈利情况？

当我们要去了解一家企业的时候，我们会关注这家企业是做什么的，高管是谁，这些都属于定性分析。我们还会关注这家企业的规模有多大，资产状况如何，这些就属于定量分析。除了以上资产负债表的分析，我们还会关注这家企业的收入和盈利情况，以及增长情况，这就需要分析企业的利润表。

## 什么是利润表？

利润表反映的是企业的收入、开支，以及最后产生的利润情况。对于利润表，我们要注意的是：利润表每个季度发布一次，但发布的是自年初以来的累计值。比如，一家企业一季报发布的收入是1 000万元，是指从1月1日到3月31日产生了1 000万元的收入；如果这家企业在二季报（即半年报）里披露的收入是2 000万元，则是指它从年初至6月30日获得了2 000万元的收入。

正因为上市公司利润表里披露的数据是累计值,因此不同公司的利润表数据会由于经营的季节性因素出现不可比的问题。比如,王府井百货是一家零售百货公司,那它收入最高的时点就在春节前后,即一季度;而格力电器最主要的产品是空调,其销售旺季是夏季,即二季度。

既然利润表的数据因为累计值而出现不可比的情况,那该如何解决呢?关键就在于剔除季节性因素。只要剔除了季节性因素,不同企业的利润、收入数据就可以进行比较了。

为了剔除季节性因素,我们可以使用滚动 12 个月的数据,即 TTM。计算分为两步:第一步,计算每个季度的单季值;第二步,将过去 4 个季度的单季值加总。因为 TTM 包含了 4 个季度的数据,就熨平了"季节效应",不同公司按 TTM 计算得到的收入、利润的数据也就可以进行比较了。

### 利润表中哪个利润最重要?

当看到企业的利润表时,你会发现利润表包含了好几个利润指标,具体如表 5.4 所示。

表 5.4  利润表的结构

|   | 销售收入 |
|---|---|
| - | 成本 |
|   | **毛利润** |
| - | 销售费用 |

续表

|  |  |
|---|---|
| − | 管理费用 |
| − | 财务费用 |
|  | **主营业务利润** |
| + | 非主营业务损益 |
|  | **营业利润** |
| + | 营业外损益 |
|  | **总利润** |
| − | 税 |
|  | **净利润** |

- 销售收入减成本，得到第一个指标——毛利润。
- 毛利润减销售费用、管理费用、财务费用，得到第二个指标——主营业务利润。
- 主营业务利润加非主营业务损益，得到第三个指标——营业利润。
- 营业利润加营业外损益，得到第四个指标——总利润。
- 总利润再减掉税，得到第五个指标——净利润。

有人可能会问：哪一个利润最重要，最能反映企业的经营成果？

在很长一段时间里，学界关注的是净利润，因为净利润是在剔除各种费用，考虑各种损益，并支付税款之后，剩余的归属股东的所有利润。学者认为净利润是股东实际可得的，因此和股票的收益相关性最高。但长久以来的学术研究却发现净利润和未来的股票收益率没什么关系。大家百思不得其解。

直到 2008 年，美国罗切斯特大学金融系教授诺维-马克思（Novy-Marx）的研究带来新的发现，他不看净利润，而是研究毛利润。他认为，从毛利润往下的费用和损益，要么不透明，要么不可持续。比如，管理费用、财务费用、销售费用和税的计算并不透明，非主营业务损益和营业外损益因为并不是公司可掌控的主营业务，因此具有较大的不确定性，缺乏可持续性。因此，毛利润相比净利润，剔除了一系列与公司核心经营成果并不相关的因素，是真正反映公司经营成果的核心利润指标，所以与未来股票收益率的相关性也更高。

如果对于利润表，你由上往下看的话，就更能明白毛利润的含义。毛利润等于销售收入减销售成本。销售收入是这家公司的产出，销售成本是这家公司的投入。如果把公司看作一个黑匣子，从一端投入成本，另一端产出收入。用收入减掉成本，就是这家公司生产经营过程中产生的经营成果，而这正是毛利润。

## 三类指标，快速读懂利润表

在明确利润表的累计值、TTM 和毛利润的概念之后，我们接下来看利润表中最值得关注的三类指标——盈利水平、盈利增长和盈利质量。

**盈利水平**

当分析一家企业时，你会希望知道这家企业的盈利水平怎么样。盈利水平反映的是上市公司获取利润的能力，通常用以下三个指标来衡量。

- 权益回报率：毛利润/所有者权益。
- 资产回报率：毛利润/资产。
- 销售利润率：毛利润/收入。

以上指标中，分子都是毛利润，用的是 TTM。分母有三种不同的选择：所有者权益、资产和收入。这三个指标，都能用来衡量企业的盈利水平，但它们各有侧重。

权益回报率，反映的是作为企业股东，将钱投入这家企业，每年能获得的回报率。比如，权益回报率为 10%，就意味着你作为企业股东，将资金投入这家企业，一年下来能增值 10%。

资产回报率，反映的是企业一年整体投入的资产能获得的回报率，这和权益回报率不同。权益回报率考虑的仅仅是股东的投入，不包括企业通过借钱所做的投入；资产回报率考虑的不仅是股东的投入，而且包括企业借钱所做的投入。因此资产回报率包含的投入更多，反映的是整个企业总体资产的回报表现。

销售利润率，是一个非常重要的衡量利润水平的指标，它反映的是企业的收入当中有多少形成了利润。比如一家企业的销售利润率为 10%，指的是这家企业每卖出 100 元的产品，就能获取 10 元的利润。销售利润率不仅反映了公司获取利润的能力，而且体现出企业相对客户、供应商的议价能力——企业的议价能力越强，就越有可能将产品卖出高价，同时降低成本。这个议价能力来源于公司独特的竞争优势，比如核心技术、引人入胜的设计、独有的味道、品质、口碑。而且这些竞争优势会增强客户的黏性，使得公司能长时间地保持一个比较高的利润率水平。因此销售利润率是一个非常重要的利润指标。

**盈利增长**

除了利润水平，我们还需要特别关注另一个很重要的指标——盈利增长。

1. 同比增长与环比增长

当我们谈到增长时，有两个不同的概念——同比增长和环比增长。同比增长是把今年的数据跟去年同期进行比较。比如，将今年 1 月与去年 1 月比较，将今年一季度与去年一季度比较，将今年一整年与去年一整年比较。环比增长，是将当前与上个时段进行比较。比如，将 2 月与 1 月进行比较，将第二季度与第一季度比较，将第三季度与第二季度比较。

同比增长和环比增长，应该用哪一种呢？

答案是：同比增长。环比增长意义不大，原因还是存在季节效应。比如，零售企业在春节之后的 3 月份会比春节消费旺季的 2 月份收入有明显的下降；电器企业在秋季的收入会比夏季明显下降，到了冬季又会因为有"双 11"等促销活动而明显上升。这些变动仅仅是季节、时点因素导致的，不能反映企业获取收入、利润的能力发生变化。只有看同比增长，将今年的数据与去年同期的数据进行比较，在剔除了季节性因素之后，得到的变动情况，才能看出企业经营水平是否出现了显著的变化。

## 2. 累计增长与单季增长

因为利润表上的数据是累计数值，所以如果用累计数值计算得到的同比增长，就是累计增长。你也可以计算出每个季度单季的数值，再用单季数值计算同比增长，这就得到了单季增长。比如三季报发布后，你如果用其中的数值，即1月1日至9月30日的累计利润数据，与去年同期的数据进行比较，得到的就是累计增长。如果是将三季度单季的利润数据计算出来，与去年三季度的单季数据进行比较，得到的增长就是单季增长。

那么，在分析上市公司时，应该关注累计增长还是同比增长呢？我们用表5.5举例说明。

表5.5　一家企业的利润披露举例　　　　　　　　　　（单位：万元）

|  | 2021年 | 2022年 |
| --- | --- | --- |
| 一季报 | 500 | 1 000 |
| 半年报 | 800 | 1 200 |
| 第二季单季 | 300 | 200 |

在表5.5这个例子中，这家企业在2021年一季报披露的利润是500万元，半年报披露的利润是800万元。这家企业在2022年一季报披露的利润是1 000万元，半年报披露的利润是1 200万元。

请问：这家企业在2022年发布半年报并披露1 200万元的利润时，其股价是上涨还是下跌呢？

为了回答这个问题，我们可以计算出两种增长。

- 累计增长：在 2022 年半年报里，该企业披露的利润达到 1 200 万元，相比 2021 年半年报披露的 800 万元利润，累计增长了 400 万元，累计增长率为 50%。
- 单季增长：该公司 2022 年半年报披露的利润是 1 月 1 日至 6 月 30 日的利润数据，将其减去一季报披露的反映 1 月 1 日至 3 月 31 日的 1 000 万元利润，就能得到 2022 年第二季度的单季利润为 200 万元。类似地，计算出 2021 年第二季度的单季利润为 300 万元。这意味着，这家公司在 2022 年第二季度的单季利润，相比 2021 年同期，不仅没有增长，反而下降了 1/3。

那么，累计增长 50% 和单季下降 1/3，哪一个信息更重要？在金融市场上，能引起价格变动的，只有新的信息。旧的信息已经被市场消化和吸收了。在这个例子当中，累计增长 50%，主要是因为该企业在第一季度有明显的增长：2022 年第一季度产生的利润 1 000 万元，是 2021 年第一季度利润的两倍。而这个信息，在 2022 年一季报发布时，已经被市场所知晓，在半年报披露时已经不是新的信息了。而新的信息是，该企业第二季度单季所获得的利润相比去年同期下降了 1/3，这对投资者而言是一个负面信息。而且该企业在 2022 年第一季度增长 100%，大家对其第二季度的表现一定有比较乐观的预期，因此第二季度下降 1/3 会让投资者大失所望，带来股价的下跌。

并且，结合毛利润是反映企业经营成果的核心利润，因此建议你用毛利润的单季同比增长率来衡量企业的盈利增长水平。

**盈利质量**

大家对公司财报最大的担忧，莫过于财务造假。上市公司出于支撑股价的考虑，会粉饰财报，这也导致有些公司提供的利润数据是包含水分的、不真实的。比如一家公司披露利润1亿元，那你需要关注的是，这1亿元的利润，有多少是真实挣到的，有多少是"水分"。这就需要去评估其盈利质量。

为了衡量一家公司的盈利质量，大家可以关注其营业利润和经营现金流。利润和现金流都是企业经营成果的体现。不同的是，利润是账面上的，是通过会计账面记录的方式得以体现。而现金流是需要通过银行的现金流水得以体现。若企业要对营业利润和经营现金流造假，难度是有很大差别的。比如，企业在做账时，通过开具票据的方式就能虚增收入和利润。但现金流的造假非常困难。一方面，银行无法对没有实际产生的现金流提供流水证明，所以现金流的产生需要有现金的实际往来。这就意味着，要虚增1亿元的现金流，就必须找到1亿元现金，并使其实际转入公司，这难度可想而知。另一方面，即使找到愿意配合打款的企业或个人，钱在转入公司之后，转出又会牵涉一系列的复杂手续，要合理化资金转出也非常困难。而且资金周转也是有比较高的成本的。

因此，相比容易造假的利润，现金流很难被造假。所以如果用经营利润减掉经营现金流，就能够把公司利润当中的"水分"给挤出来。比如说一家企业披露的利润是1亿元，但是经营现金流只有1 000万元，比利润差了90%，这家公司的盈利质量就比较差。

基于此，我们进一步将营业利润与经营活动现金流的差值比上资产，就能得到用于衡量盈利质量且对不同规模的企业都能进行比较的指标。

## 小结

对于利润表，我们主要关注三类共五项指标，具体如表5.6所示。

表5.6 利润表中需要关注的指标

| | 指标 | 构建方式 | 使用方式 |
|---|---|---|---|
| 盈利水平 | 权益回报率 | 毛利润/所有者权益 | 正向 |
| | 资产回报率 | 毛利润/资产 | 正向 |
| | 销售利润率 | 毛利润/收入 | 正向 |
| 盈利增长 | | 毛利率的单季同比增长率 | 正向 |
| 盈利质量 | | （营业利润-经营活动现金流）/资产 | 反向 |

## 如何分析企业的现金流？

分析财务报表的核心原则在于，要将自己当作企业的经营者，去查看与这家企业经营相关的信息。通过资产负债表，你可以明白企业有多少家当，资产质量好不好，流动性是否充足；通过利润表，你可以清晰地评估一家企业的盈利水平、增长情况及其披露的盈利是否含有水分。

除此之外，还可以关注企业的现金流情况。在财务报表中，有一张报表专门反映企业的现金流情况，即现金流量表。

## 三个指标，快速看懂现金流量表

相比于资产负债表和利润表，现金流量表比较简单，它将企业的现金流分成以下三大块。

第一，经营活动现金流，反映的是企业经营过程中的现金流入和流出情况。企业的现金流就像它的血液一样：如果现金流是持续流出的，就意味着企业的钱不断外流，这就像一个人持续失血一样，将导致企业经营活动不可持续。一家正常经营的企业，一定是通过经营不断有现金的净流入，经营活动产生正的净现金流，本身具有造血功能，这样企业才能持续经营下去。因此，经营活动现金流是评估企业时特别需要关注的指标。

第二，投资活动现金流，反映的是企业通过投资活动产生的现金流入和流出情况。如果一家企业的现金通过投资活动流出，投资活动现金流就是负的。相反，企业收回投资或者获得分红等，就是通过投资活动获得现金流入，即产生了正的投资活动现金流。尽管企业通过对外投资才能扩张和发展，但我们还是希望投资活动现金流为正，即企业已经能够通过投资获取收益，这也是企业造血能力的一种体现。

第三，筹资活动现金流，反映的是企业通过对外募集资金所产生的现金流入和流出情况。一家企业若对外进行股权融资，向银行等金融机构或其他公司借款，就会使现金以筹资活动的名义流入公司，产生正的筹资活动现金流。相反，如果一家企业偿还借款、支付利息、进行分红，现金就会以筹资活动的名义流出企业。

在之前讨论经营活动现金流和投资活动现金流时，我们都提到这些现金流为正比较好。那如果一家企业的筹资活动现金流为正，好还是不好呢？

一家企业无论是做债务融资还是做股权融资，其实都不好。因为一家企业对外融资，就会传递出一个信号——这家企业自身的现金流不够，造血能力是不足的，因而不得不求助外部。而且对外融资也会产生一些不好的影响：借债，会导致企业的负债比例上升，资产质量下降；出售股份，会传递出企业当前股价高估的信号。因此，企业通过筹资活动获得的现金流并不是越多越好。

需要注意的是，现金流量表和利润表有一个共同点：披露的数据都是累计值。比如，一家企业的三季报，披露现金流有1 000万元，是指1月1日至9月30日累计产生了1 000万元的现金流。因此，为了剔除季节性因素，我们需要运用TTM的方式，构建如下三个指标：

- 经营活动现金流/资产。
- 投资活动现金流/资产。
- 筹资活动现金流/资产。

如前所述，我们希望前两个指标为正，第三个指标不为正。

## 小结

对于现金流量表,我们需要关注三个指标,如表 5.7 所示。

表 5.7 现金流量表中需要关注的三个指标

| 指标 | 构建方式 | 使用方式 |
| --- | --- | --- |
| 经营活动现金流 | 经营活动现金流/资产 | 正向 |
| 投资活动现金流 | 投资活动现金流/资产 | 正向 |
| 筹资活动现金流 | 筹资活动现金流/资产 | 反向 |

## 如何判断股票价格是否合理?

重温巴菲特在谈到选股时提出的"四重过滤器":可理解的一流业务、可持续的竞争优势、一流的管理层,以及可以用一个比较便宜的价格买入。前面已经分析了前三个"过滤器",那么,如何判断一家上市公司的股票价格是不是便宜呢?这就需要进行估值分析。

### 为什么看估值?

你如果通过分析公司的财务报表,发现了一家好公司,别高兴太早,因为好公司的股票,不一定是好股票。

如果一家公司从商业和财务的角度分析来看都很不错,但它的估值很高，那么这家公司的股价上涨空间是有限的。这是因为股票市场已经将这家公司未来的收益与成长都考虑在了当前股价之中，这家公司即使未来有出色的经营业绩，也只是符合投资者的预期而已，并不能带来股价的进一步上升。

相反，高估值的股票，风险是非常高的。这是因为一旦这家公司的经营情况出现下滑或低于投资者的预期，那么股价就会出现明显的下跌。实际上，有许多热门股票被市场追捧，导致股价高企，估值过高。这些股票可能有不错的成长前景，但因为股价已经被投资者捧得很高，其中蕴含着很大的下跌风险。所以估值分析，对于投资者控制股票投资风险、避开股票大幅下跌，会有很大帮助。

估值分析最大的意义在于，帮助投资者始终保持理性。股票市场上，总是充斥着炒作和追捧，这会放大人性的贪婪，产生跟风和追逐热点的行为，使投资者失去理性。但如果在投资时进行必要的估值分析，投资者就能有效甄别"投资"与"投机"，避免产生非理性的投资行为，这对于投资者进行长期投资及财富管理是至关重要的。

另一方面，估值在选股中也有非常重要的作用。学术研究发现，估值低的股票相比估值高的股票，未来股票收益更高。在投资实务中，价值投资，即投资低估值的股票，也是一种备受推崇的投资方式。比如巴菲特的老师——"价值投资之父"本杰明·格雷厄姆，其投资思想对巴菲特产生了深远的影响。

因此，无论是从控制风险，还是从选股本身来看，估值分析都占有非常重要的地位，对投资者来说是不可或缺的。

## 如何进行估值分析？

估值分析，需要分析一些估值指标，去掌握股票的估值情况，从而判断估值是否合理。常用的估值指标有市盈率、市净率和市盈率相对盈利增长比率（PEG）。

**市盈率**

市盈率是最常用的估值指标，它等于股价除以每股收益。市盈率的含义是，投资一家公司之后，按公司现有的盈利水平，需要多少年才能回本。比如，一家公司的股价是10元，每股收益是1元，那么这家公司的市盈率就是10倍。这意味着，你如果按当前股价买入这家公司的股票，在一直持有不卖出且该公司保持现有盈利水平的情况下，需要10年时间，获得的累计每股收益才能达到期初投入的10元。

我们当然希望用一个比较低的价格购入股票，这样未来的收益空间才会较大。因此，我们会希望市盈率尽可能低一些。对于市盈率的合理区间，不同的人会有不同的判断。一般来说，市盈率比较合理的区间是10~30倍。如果市盈率高于30倍，就需要谨慎；如果市盈率高于50倍，估值就已经明显很高了，需要特别关注投资风险。

那市盈率是不是越低越好呢？也不是。因为如果市盈率太低，比如低于5倍，可能是因为这家公司遇到一些困境，未来经营的风险较大，使得投资者都不敢买这家公司的股票，所以股价就很低。因此对于市盈率太低的股票，我们也需要关注其经营上是不是有什么风险。

市盈率分为动态市盈率和静态市盈率。动态市盈率，是用当前股价比上未来的每股收益，而未来的每股收益来自券商分析师的预期，并不是一个确切的实际值。静态市盈率，是用当前股价除以基于过去四个季度的累计每股收益，是一个确切的实际值。因此，我建议你使用静态市盈率。一方面，计算动态市盈率时所用到的未来每股收益数据，并不是确切的数据，而是基于主观判断，存在主观偏差。另一方面，从学术研究的结果来看，静态市盈率对于未来的股票收益率有很好的预测作用，因此是一个有股票收益预测功能的估值指标。

尽管市盈率提供对估值水平比较直观的评估，但它并不适用于利润为负的公司。因为利润为负的话，计算得到的市盈率就是负数，这就失去了市盈率的金融学基本含义。

**市净率**

另一个非常重要的估值指标叫作市净率。市净率等于股价除以每股净资产，也等于市值除以所有者权益。市净率代表的是一家公司归属股东所有的那部分资产，即公司资产中剔除负债的那部分资产，在股票市场上每单位的交易价值是多少。比如，一家公司的资产剔除负债，剩下的部分是50亿元，这是归属于股东所有的部分，也被称为净资产。这家公司的市值是100亿元，是净资产的2倍，那市净率就等于2倍。这意味着，这家公司账面上50亿元的净资产，在股票市场上能卖出100亿元的价格。

为什么账面价值50亿元的资产在股票市场上能卖100亿元

呢？因为优秀的企业通过持续经营会产生盈利，从而增加企业的净资产，即投资者认为现在账面价值为50亿元的净资产，蕴含着持续盈利的能力，有进一步增值的潜力，因此愿意以一个高于净资产的价格买入该公司的股票。

市净率大概多少比较合适？市净率最理想的情况是1倍左右，也就是说这家公司的每股净资产是多少，那实际买股票时就投入多少。更理想的情况是，这家公司的市净率小于1倍，这意味着这家公司的股价是低于每股净资产的。比如，这家公司的股价是8元，但每股净资产是10元，这样用8元的价格买到10元的资产，投入就能获得收益2元，收益率达到25%。出现这样情况的股票被称为"破净股"，即股价跌破了每股净资产，股价比每股净资产还要低。但这并不意味着"破净股"是很好的投资机会。就像之前谈到的市盈率低于5倍的股票，市净率的"破净股"有可能也存在经营上的问题，投资者对其未来的盈利能力存在质疑，因此不愿意投资。

大多数情况下，市净率是大于1倍的。市净率的合理区间在2~3倍，即1元的每股净资产，在股票市场上的交易价格在2~3元。这是比较合理的估值水平。但市场上也存在市净率大幅偏离合理估值水平的股票，比如有些股票的市净率达到30倍——1元的净资产，在市场上居然能卖到30元。这样的股票的估值水平就非常高了，难以持续，需要特别警惕其投资风险。

市净率基本不存在适用性问题：只有极少公司的净资产为负，而这些公司已经资不抵债，在投资时本来就是不予考虑的。因此被纳入投资范围的上市公司，都能计算出市净率。

PEG

估值分析的一个挑战在于，有些企业的增长很快，其盈利水平在接下来一两年可能会有显著上升，那么其估值水平就应该会高一些。比如高增长的高新技术公司，其估值水平就会整体比较高，但这并不意味着这些股票的价格被高估，因为这些企业有不错的成长前景。

为了更客观、合理地对企业估值，我们可以使用按市盈率相对盈利增长比率，也被称为PEG。PEG是由美国传奇公募基金经理彼得·林奇开发的。他于1977—1990年担任麦哲伦基金的基金经理，其管理的资产年化收益率高达29%，规模从1 000万美元上升至140亿美元。

PEG等于市盈率除以利润增长率（建议用毛利润增长率）。我们通过一个例子来介绍如何计算PEG，如表5.8所示。

表5.8 PEG的计算举例

|  | 市盈率 | 利润增长率（%） | PEG |
| --- | --- | --- | --- |
| 公司A | 10 | 5 | 2 |
| 公司B | 100 | 100 | 1 |

在表5.8中，公司A的市盈率是10倍，公司B的市盈率是100倍。如果单看市盈率的话，公司B的市盈率是公司A的10倍。两者的利润增长率差异更大：公司A的利润增长率为5%，公司B的利润增长率高达100%，是公司A的20倍。进一步去计

算PEG：公司A的PEG等于2（10/5），公司B的PEG等于1（100/100），比公司A还低了50%。

在这个例子当中，我们能充分看出利润增长率对于估值的重要性。尽管公司B的市盈率比公司A高，但由于公司B的增长很快，以至于调整之后得到的PEG，公司B的估值水平反而更低。这个例子很好地体现了PEG的价值——它能帮助大家结合利润增长，更全面地评估上市公司。

然而，PEG也存在一些适用性的问题。PEG除了和市盈率一样不适用于利润为负的公司，也不适用于增长为负的公司，因为这也会导致PEG为负，使得PEG失去了金融学基本含义。

## 小结

估值分析对于规避估值过高的股票、选择合适的标的具有重要作用，是让投资者保持理性的关键。估值分析的核心是通过估值指标，判断估值是否合理。常用且有效的估值指标包括市盈率、市净率和PEG，具体如表5.9所示。

表5.9 估值分析中需要关注的三个指标

| 指标 | 构建方式 | 使用方式 |
| --- | --- | --- |
| 市盈率 | 市值/毛利润 | 反向 |
| 市净率 | 市值/净资产 | 反向 |
| PEG | 市盈率/利润增长率 | 反向 |

## 如何构建适合自己的股票投资策略？

截至 2023 年 4 月底，A 股市场已经有约 5 000 家上市公司。如何选出值得投资的股票？我们已经介绍了资产负债表（7 个指标）、利润表（5 个指标）、现金流量表（3 个指标）和估值（3 个指标）4 个方面，共计 18 个指标。那么，我们如何基于这 18 个指标构建选股策略呢？

### 一个选股策略的组成

一个选股策略分为三部分：用于选股的指标、每个指标在选股模型当中的权重，以及指标的使用和组合方式。如果将构建一个选股策略比作制作一道菜，那么指标的选取就相当于食材的选取，指标的权重就好比每样食材的用量、配比，指标的组合方式就是烹饪的方法。

**指标的选取**

选股指标，作为一项选股策略的"食材"，是选股策略中最关键的。一般来说，选股指标应当尽可能包含与上市公司财务和估值相关的各方面指标。因此，在选取指标时，我们需要有一个分门别类的思想，尽可能包含多种类别的指标。比如资产负债表的指标按类别分为流动性、存货比例、应收账款、应付账款等；利润表的指标分为盈利水平、盈利增长和盈利质量三大类；现金流量表的指标较少，经营活动现金流、投资活动现金流和筹资活动现金流可统一归为现金流类指标。估值指标类似，只有市盈率、市净率和PEG，整体就算作一类指标。

此外，由于指标与指标之间会有相似性，一般建议每类指标选取1~2个指标。比如，盈利水平有三大指标：资产回报率、权益回报率和销售利润率，这3个指标中选1~2个即可。估值类指标也是如此——市盈率虽然常用，但遇到利润为负的企业就不适用了，因此可以再加上市净率作为补充。

**指标的权重**

指标的权重反映的是在一个选股策略当中，对不同指标的侧重情况，这对选股的结果也十分重要。关于指标的权重，有两个建议：一是，估值比较重要，建议配比20%~25%；二是，增长也比较重要，建议配比10%~15%。优先确定了估值和增长指标的权重后，其余指标的重要性难分伯仲，简单起见，可以设为等权重。

**指标的组合方式**

多个指标，如何放在一起进行选股呢？推荐一种科学有效且简单易行的方法——打分法，其思想是按各个指标，给股票打分。打分的原则是基本面越好、预期收益越高的股票，得分越高。通过汇总所有指标的打分，即可得到每只股票的总分。再通过选取排名靠前的股票，构建投资组合，完成最终的股票选取。

一个基于基本面的选股策略

这是一个我开发的基于财务指标和估值指标的选股策略。在指标选取方面，这个策略包含了八大类指标，具体如表5.10所示。

表 5.10　一个基于基本面的选股策略

| 指标 | 构建方式 | 使用方式 |
| --- | --- | --- |
| 流动性 | 短期负债/流动资产 | 反向 |
| 存货比例 | 存货/资产 | 反向 |
| 杠杆水平 | 负债/资产 | 反向 |
| 盈利水平 | 毛利润/收入 | 正向 |
| 盈利质量 | （营业利润-经营活动现金流）/资产 | 反向 |
| 盈利增长 | 毛利润的单季同比增长率 | 正向 |
| 现金流 | 经营活动现金流/资产 | 正向 |
| 估值 | 市盈率、市净率 | 反向 |

如表 5.10 所示，除了估值包含市盈率和市净率两个指标，其余类别各选取一个指标，因此共计 9 个指标。每个指标的构建方式在表 5.10 中都有列举。

表 5.10 的第三列给出的是每个指标在打分时的使用方式。比如，流动性指标，利用短期负债除以流动资产，该指标数值越大，说明企业的短期负债相对流动资产占比越高，该公司的流动性就越差，在该指标上的得分就越低，即指标数值与股票在该指标上的得分成反向关系。反过来，盈利水平选取的是销售利润率，利用毛利润除以收入，这个指标的数值越大，说明企业的盈利能力越强，其基本面就越好，得分就越高，因此盈利水平的数值和股票在该指标上的得分成正向关系。

为了给每只股票按每个指标进行打分，我们可以采取分组的方法。以流动性为例。如表 5.11 所示，每周我们都将全体上市公司按流动性进行排名，由低到高，等分为 5 组。由于短期负债/流动资产越高的公司得分越低,因此按 0~4 分的打分标准,短期负债/流动资产水平最高的那一组得分为 0,该指标最低的那一组得分为 4,其余组别的公司按此依次赋 1~3 分。具体的赋分如表 5.11 所示。

表 5.11 按流动性打分

|  | 分组 | 得分 |
| --- | --- | --- |
| 最低 | 1 | 4 |
|  | 2 | 3 |
|  | 3 | 2 |
|  | 4 | 1 |
| 最高 | 5 | 0 |

类似地,如果是按盈利水平,由低到高分成 5 组,那么我们给盈利水平最低的组赋 0 分,给盈利水平最高的组赋 4 分,并相应为其余组的公司依次赋 1~3 分。具体如表 5.12 所示。

表 5.12 按盈利水平打分

|  | 分组 | 得分 |
| --- | --- | --- |
| 最低 | 1 | 0 |
|  | 2 | 1 |
|  | 3 | 2 |
|  | 4 | 3 |
| 最高 | 5 | 4 |

在这里，我们实际是采用了分组的方法进行打分，这种方法有以下两个好处。

第一，简单易行。只需要按排序打分即可，不需要去主观设置更多参数，操作起来十分简便且客观。

第二，得分均匀。由于分组是等分的，每组包含的股票数量基本一致，因此按分组法进行打分，按每个指标得到的分数，其分布是十分均匀的。

在这个例子中，按每个指标进行打分后，每只股票的最终得分等于每个指标得分的总和。这样的计算方式，实际上是给每类指标进行了赋权：一共9个指标，等权重下，每个指标占比11.1%。由于估值类的指标有两个，因此估值类的指标占比为22.2%。其余每类指标占比均为11.1%。

这样一个选股策略，能否选出带来显著收益的股票组合呢？为了回答这个问题，我做了如下测试：每周，我将上市公司按得分从低到高分成10组——得分最低的是第1组，得分最高的是第10组。如果这个选股策略是有效的，我的预期是，每周都持有得分最高的第10组，长期来看，收益一定比每周持有得分最低的第1组更高。那么结果是不是这样？

图5.5展示的是这10组2006—2023年的累计收益率情况。从图5.5中可以看出，得分最低的第1组，其累计收益率就是所有组中最低的。与此同时，得分最高的第10组，其累计收益率恰恰是最高的。

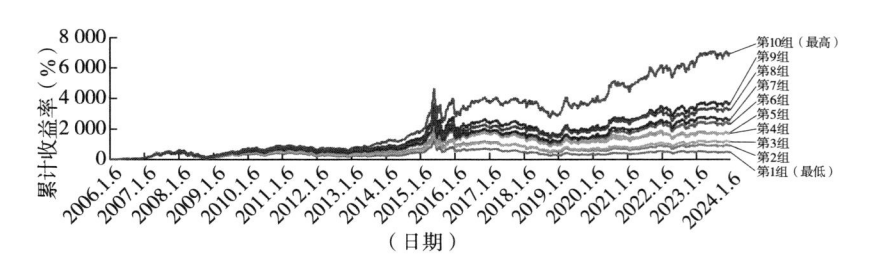

图 5.5　按打分法分成的 10 组的累计收益率

事实上，如果坚持每周持有得分最高的那一组股票，2006—2023 年的累计收益率超过 7 000%，即 70 倍的收益，这是一个非常可观的投资收益！这个结果也说明这个选股策略是十分有效的。

我们可以进一步去调整这个策略，让其更加实用。我们个人日常的投资交易不太可能买下市场 1/10 的股票，因为这意味着要买 500 多只股票，操作起来工作量太大，而且对资金量也要求很高。因此，我们可以选择只买得分靠前的少量股票，比如前 15 名。

如果每周持有得分前 15 名的股票，累计收益率会是多少？图 5.6 展示了对应的累计收益率情况。2006—2023 年累计收益率高达 13 000%，即 130 倍。持有得分前 15 名的股票的年化收益率，如表 5.13 所示。

从表 5.13 可以看出，按这个策略进行投资，亏损的年份很少，只有 2008 年、2011 年、2018 年，其余年份全部盈利。而且按这个策略进行投资，即使当年亏损了，第二年也能通过盈利在一定程度上弥补前一年的亏损。比如在 2008 年亏损了 41.45%，但 2009 年盈利就超过了 240%；2011 年亏损了 12.88%，但到 2012 年就盈利了 13.94%。

第 5 章　更适合年轻人的财富增值之道：投资股票

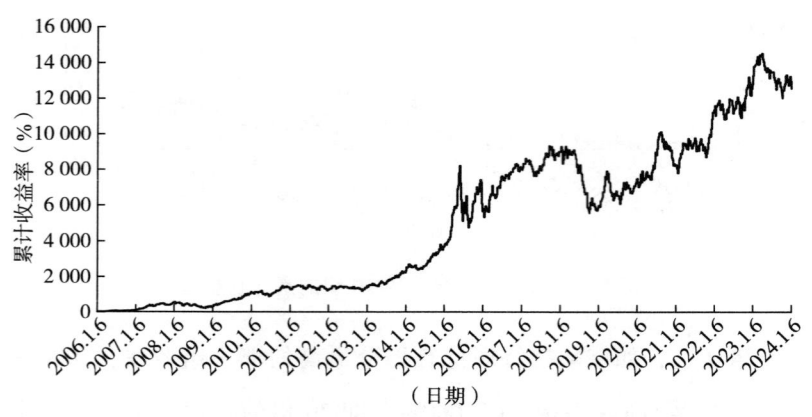

图 5.6 每周持有得分前 15 名的股票获得的累计收益率

表 5.13 持有得分前 15 名的股票的年化收益率

| 年份 | 年化收益率（%） |
| --- | --- |
| 2006 | 85.34 |
| 2007 | 509.42 |
| 2008 | −41.45 |
| 2009 | 243.70 |
| 2010 | 31.71 |
| 2011 | −12.88 |
| 2012 | 13.94 |
| 2013 | 66.47 |
| 2014 | 59.13 |
| 2015 | 66.96 |
| 2016 | 33.84 |
| 2017 | 10.65 |
| 2018 | −36.46 |
| 2019 | 27.60 |

续表

| 年份 | 年化收益率（%） |
|---|---|
| 2020 | 12.50 |
| 2021 | 36.75 |
| 2022 | 11.66 |
| 2023 | 5.43 |

## 如何确保自己的选股策略是有效的？

股票投资在财富管理中占据核心地位，而选股策略毫无疑问是股票投资的重中之重。因此，构建有效的选股策略对于财富管理有着重要的意义。不同的人选股策略当然会有不同，也并不是每个人都能够花精力去基于历史数据检验一个策略的有效性。那么，如何确保自己设计的选股策略长期来看是有效的？有以下四方面的评估依据。

第一，策略选取的指标是否以反映上市公司财务和估值的基本面指标为主。这些指标对于选股是至关重要的。基于这些基本面指标的选股策略，一方面能选出具有坚实基本面作为支撑的股票，另一方面能避免选股策略因为脱离基本面而导致的"爆雷"或者大幅回撤。

第二，策略选取的指标是否涵盖了基本面的各个方面。正如举例中的策略，指标的选取需要涵盖各个方面的财务指标，这对于全面评估一只股票是必要的。

第三，策略选取的指标是否被合理赋权。指标的权重设置十分重要。既不能过于依赖某个指标，也不能对某类指标的权重设置过低，限制其发挥作用。具体指标权重的设置可参照本章的讲解。

第四，策略选取的指标是否被合理使用。选取指标之后，就需要让每个指标的使用方式与其投资含义一致：正向的指标就应当正向使用，反之亦然。

### 选股策略的关键在于坚持

选股策略的构建并不难，难的是坚持。一旦构建了一个行之有效的策略，就要在实际中坚持按策略进行投资，不能凭借主观判断，偏离投资策略的指导。在投资过程中，有以下几种情形会让你在投资时偏离策略，"动作走形"。

1. 在一段时间里，亏了比较多，就不敢再投了。这是很多人在投资时会面临的心理挑战。但如果亏了不少就不敢投了，往往会错过下跌之后的反弹，错过收益。
2. 看到自己的持股没有同期市场上热门股、概念股收益高，所以就偏离策略，转而去追逐热门股。追逐热门股有很大的风险，因为这些股票的价格已经上涨了不少，继续上涨的空间不大，但大幅下跌的可能性很大。因此转去投资这些股票不仅会减少收益，更有可能带来非常显著的亏损。
3. 听到一些小道消息、朋友的推荐，就认为别人的信息比自己的策略预测得更准，所以偏离策略。这也不可取。小道消息、朋友的推荐，并不一定比你构建的策略有更好的预测能力。实际上，只要你构建的策略包含了与公司基本面相关的多方面指标，就相当于对上市公司做了一个综合性的分析，这往往比小道消息、朋友的推荐更可靠。

因此，只要你构建了一个可靠的投资策略，就坚持这个策略，这将是你通过财富管理实现财富增值必不可少的一个环节。

# 第6章
## 资产配置,稳步积累财富

**更有幸福感的理财，需要资产配置**

理想的理财，不仅要实现财富的稳定增值，还要使人在理财的过程中感到放心，有很好的体验，也更有幸福感。但往往很多人因为理财而苦恼，他们会因为下跌而沮丧，因为亏损而痛苦，因为理财产品"爆雷"而懊悔不已。因此，理财不仅要看重收益，还要进行周全的考虑，不押注某一种资产，而是通过科学合理的资产配置，构建一个多元化的资产组合。

**资产配置法则：收益与风险成正比**

我们进行资产配置时需要遵循一个法则——收益与风险成正比。如果希望获得高收益，我们就必须承受高风险；如果只想承受较低的风险，那我们就只能获得较低的收益。

图 6.1 展示的是 2003 年 6 月至 2020 年 6 月，上证国债指数和万得全 A 指数的累计收益率情况。上证国债指数代表的是国债收

益情况，其波动很小，但17年间累计收益率只有81%，年化收益率仅有3.83%。万得全A指数代表的是国内股票市场的整体收益情况，同期累计收益率达到453%，年化收益率为10%，但波动很大，曾经在2008年下跌了63%。通过对上证国债指数和万得全A指数的对比可以看出，无论是股票还是固收产品，仅用一种资产难以稳定提升投资收益，只有将两者结合使用，进行资产配置，才能实现财富长期稳健的增值。

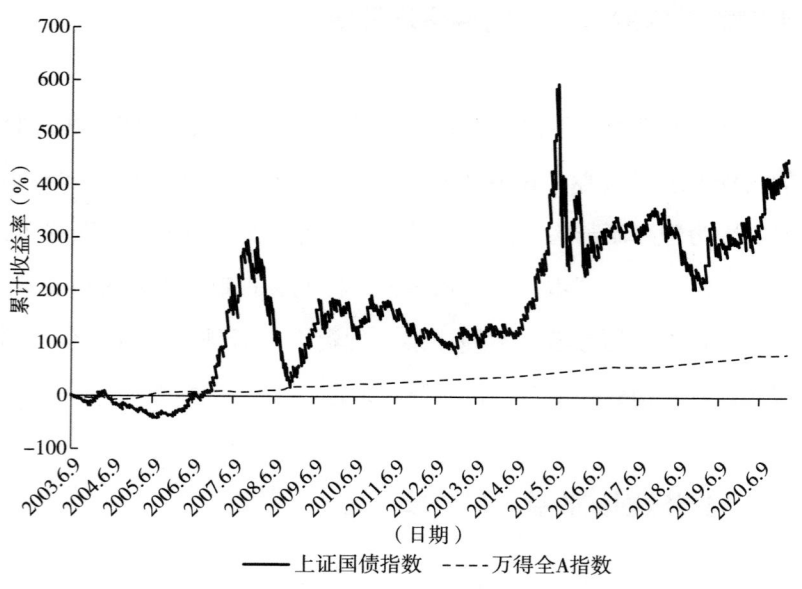

图6.1 上证国债指数和万得全A指数的累计收益率

## 资产配置的误区

尽管资产配置并不是一个让人陌生的词，但在实际理财操作中很多人买的理财产品比较单一。比如，有些人只买固收产品，收益很低；有些人则只买股票或股票基金，波动又太大。而且很多人在资产配置时缺乏一个客观的指导依据，因此在实操中面临极大的波动，且很大程度上是其主观造成的。比如，一些平时只配置固收产品的人一旦看到股市上涨，身边很多人买股票、买基金，就跟风把银行的钱都取出来投入股市，但这时往往已经错过了最主要的上涨阶段，买入不久便被套牢。因此，在财富管理时，一定要有资产配置的概念，而且要为自己设计一个契合自身需求和实际情况的规则，并一以贯之地执行下去。

## 如何进行资产配置？

目前，资产配置主要有两种不同的策略：基于生命周期的资产配置和基于目标的资产配置。

### 基于生命周期的资产配置

基于生命周期的资产配置，是指以年龄为依据进行资产配置，具体操作为：年轻时，多配置高风险的股票资产以获取更高收益，随着年龄增长，逐步降低股票资产的比例，提高风险相对较低的固收资产的比例。这样做主要有以下两个原因。

第一，年轻时，承担投资亏损风险的能力更强。因为年轻人有更多的工作时间和收入机会，即使遇到亏损，也有更多时间去弥补。

第二，年轻时，积累的财富还不多，即使投资亏损，亏损的绝对金额也不会很多。也正是因为年轻时积累的财富较少，所以更需要通过投资股票资产提升收益率，加速财富的增值。相反，随着年龄增长，积累的财富也日益增多，就更需要注重防范波动，风险控制也越来越重要，因此就需要转向更安全的固收资产。

各个年龄对应的资产配置比例，可以参照全球知名资产管理机构美国先锋基金提供给客户的资产配置比例，如图6.2所示。

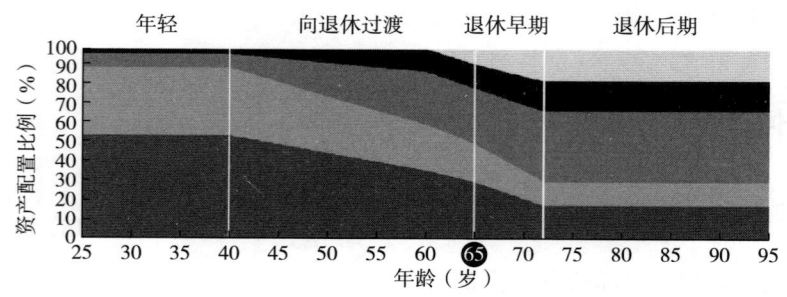

图6.2 美国先锋基金基于生命周期的资产配置示例

如图6.2所示，人们在25~40岁时，55%的资产配置美国市场股票，35%的资产配置其他市场股票，股票资产总占比达到90%。也就是说，年轻时，用于理财的资产，90%配置股票，债券的占比仅为10%。从40岁开始，随着年龄的增长，股票资产的占比逐年降低，60岁时股票资产的总占比降至60%，72岁时降至30%。之后股票资产的总占比保持在30%，其余70%为债券资产。

先锋基金给客户提供的资产配置比例，为我们进行资产配置提供了参考。年轻时高配股票资产，之后逐步减少股票资产的配置比例，转向固收资产，反映了随着年龄增长需要对资产配置做动态调整。这个资产配置策略在实操中具有两点明显的优势：一是，容易理解。不需要复杂的数学模型或公式，简单地将资产配置的比例与人的年龄相对应。这也符合人们在各个年龄段所具备的风险偏好、财富水平与风险承受能力。二是，容易操作。这个策略操作起来非常简单，只需要根据年龄，查到对应的资产配置比例并做相应的配置。而且，25~40岁的配置比例不需要做任何调整，这也降低了资产配置的难度。40岁以后，虽然不同资产的配置比例每年都需要调整，但这个调整的过程是逐年逐步进行的，每次调整的比例并不大。所以基于生命周期的资产配置，能大幅简化资产配置的流程。

这个策略虽然简单易操作，但也存在一些问题。比如，遇到金融危机，股市大跌之时，股票资产会产生显著亏损，通常在大跌之后，需要保持甚至提升股票资产的占比，以利用大跌之后的反弹来尽快弥补亏损。但按照基于生命周期的资产配置策略，40岁之后股票资产的比例会逐年降低，那么想在股市大跌之后弥补亏损，就要花费很长的时间。影响更大的是，若恰好在退休或临近退休需要提取资金时遇上股市不景气或大幅下跌的情况，这会使我们老后的生活品质大打折扣。

从金融危机、股市下跌的视角，我们可以看出基于生命周期的资产配置存在的核心问题：按年龄这一单一变量，去固化资产配置，会使得该策略无法依据环境的变化而进行动态的调整。

此外，不同的人的财富目标、资金量、风险承受力都有差异，因此资产配置比例也应该是个性化的、差异化的，而不应该是同一个模子刻出来的。但基于生命周期的资产配置无法依据个人的情况进行个性化的调整。

## 基于目标的资产配置

那么，如何进行调整呢？对此，诺贝尔经济学奖得主罗伯特·默顿（Robert Merton）教授提出，考虑到金融危机的影响，人们在进行财富管理的资产配置时，应当有一个明确的目标，并依据与这个目标的偏离程度，对资产的配置比例进行必要的调整。我们用下面的例子来说明针对金融危机或股市大跌，我们如何利用基于目标的资产配置策略对资产比例做出调整。

### 55岁遭遇股市暴跌，怎么办？

一位朋友40岁时有10万元资金，开始做财富管理，他的目标是65岁时能有70万元。起初他的股票仓位是90%，计划逐年下降，到65岁时将股票占比降到60%。假设不发生股市暴跌，年化收益率为10%，但一旦遇到股市暴跌，股票则会亏损30%，并且不用于投资股票的资金配置固收，年化收益率为4%。

图6.3展示的是，在不发生股市暴跌的情况下，这位朋友在各个年龄段所积累的财富和股票仓位情况。从图6.3可以看出，若一切顺利，股市不出现大跌，到65岁时这位朋友的财富已经超

过 70 万元，达到 77.6 万元，实现了最初定下的财富管理目标。

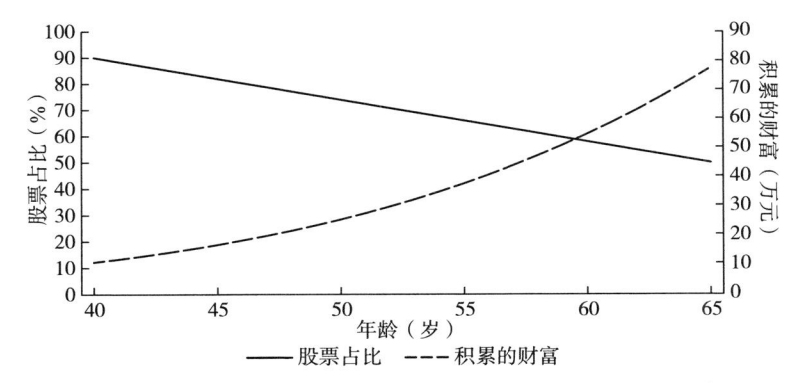

图 6.3　不发生股市暴跌时，各年龄段积累的财富与股票仓位

然而，股市的大幅调整基本上每隔几年就会出现一次。因此，这位朋友 40~65 岁至少会遇到一次股市大幅下跌，甚至可能遇到两次。如果在 55 岁遇到股市暴跌，按股票仓位逐年下降的计划，他能否实现财富管理目标呢？

如图 6.4 所示，在 55 岁经历股市暴跌之后，若进一步降低股票仓位，这位朋友要花 3 年的时间到 58 岁，才能弥补 55 岁所遭受的财富折损。这 3 年是非常不容易度过的，一方面这位朋友离退休越来越近，另一方面其财富却还处在一个与之前相比缩水的状态。所以在遭遇股市大幅下跌后，若进一步降低股票仓位，财富管理的体验并不好。更重要的是，到 65 岁时，这位朋友的财富不仅没有达到 70 万元，甚至连 60 万元都不到，只有 58.6 万元。退休后的财富缩水，将显著影响老后的生活品质。

但是，如果这位朋友在 55 岁遭遇股市暴跌后，不是进一步调低股票仓位，而是增加股票仓位，情况会有什么不同吗？

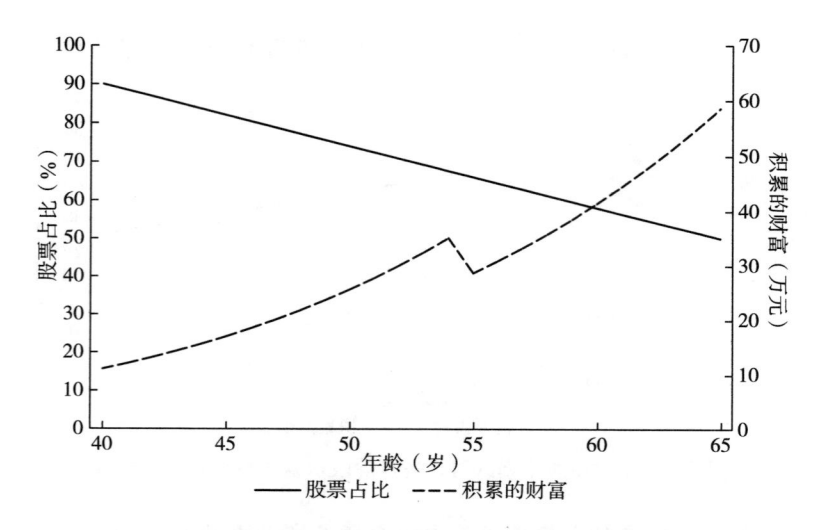

图 6.4　55 岁遭遇股市暴跌时，各年龄段积累的财富和股票仓位

如图 6.5 所示，这位朋友在 55 岁遭遇股市暴跌之后，将股票仓位一次性提升至 90%，并保持到 65 岁的财富积累情况。从图 6.5

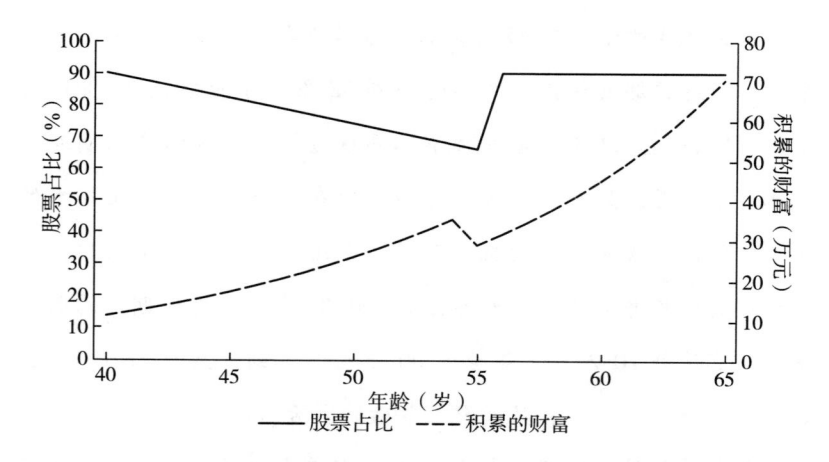

图 6.5　55 岁遭遇股市暴跌但及时增加股票仓位时，各年龄段积累的财富与股票仓位

中可以看出，在提升股票仓位后，到65岁时积累的财富达到70.3万元，实现了最初的财富管理目标。

在经历了一次股市大跌带来的财富缩水后，大幅提升股票资产的占比，需要相当大的勇气。但这样的调整是必要的，也是正确的，因为这样能更快地弥补之前的亏损，更有可能实现财富管理目标，这对于之后数十年的老后生活会非常有帮助。

以上阐述的是在经历股市大幅下跌后，通过提升股票仓位，实现财富管理目标的情形。我们再来看另一种情形：达到财富管理目标后及时降低股票仓位的情况。假设这位朋友不是在55岁，而是在65岁遭遇股市大跌，那么他的财富积累会出现怎样的变化？

### 65岁遭遇股市暴跌，怎么办？

如图6.6所示，在股票仓位逐步从90%降至60%的计划下，当65岁遭遇股市大跌时的财富积累情况。从图6.6中可以看出，若在65岁遭遇股市暴跌，那么这位朋友积累的财富就降到了63万元，不仅没能实现财富管理的目标，而且会因为正需要提取退休金时遭遇股市暴跌而备受打击。

谁会那么倒霉恰好在退休前后遇上股市大跌呢？实际上，正如美国1942—1943年出生的那一批人，他们出生时遇上了第二次世界大战，退休时遭遇了2008年的金融危机。

我们无法预料金融危机或股市大跌的发生时间。然而，上面例子中的这位朋友可以依据财富管理的目标主动调整股票占比，

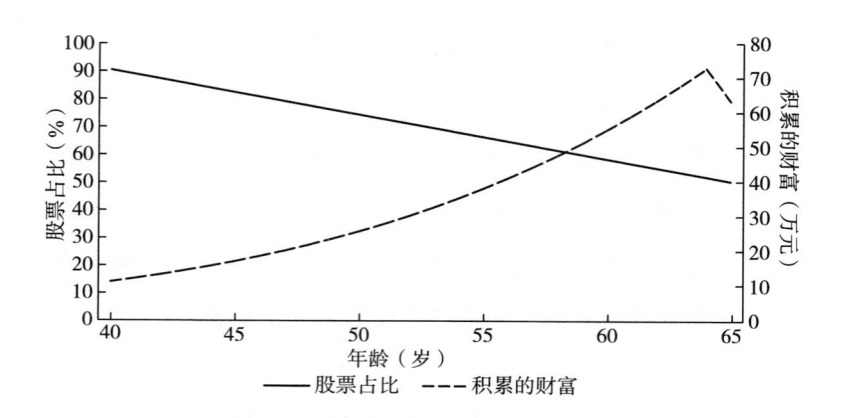

图 6.6　65 岁遭遇股市大跌时各年龄段积累的财富与股票仓位

从而降低市场大幅下跌带来的影响。他在 64 岁时积累的财富已经达到 72.5 万元，超过了财富管理的目标。在这种情况下，财富管理的重点就从增值转为保值，风险控制的重要性超越了获取收益。因此，如果这位朋友在 65 岁之前就降低股票仓位，那么他积累的财富会是怎样呢？

如图 6.7 所示，如果这位朋友在 65 岁遭遇股市大跌，但在 64 岁实现财富管理目标后就将股票的仓位主动降到 10%，在这种情况下，即使 65 岁遭遇股市大跌，但因为股票的占比很低，所以当年资产配置的整体收益率为 0.6%［即 90%×4%+10%×（-30%）］，不仅不会亏损，财富还会增至 72.9 万元。

从前述两个例子可以看出，财富管理的资产配置需要按照积累的财富与目标的偏离程度进行主动调整：在远离目标时，提升股票占比；在达到目标后，降低股票占比。

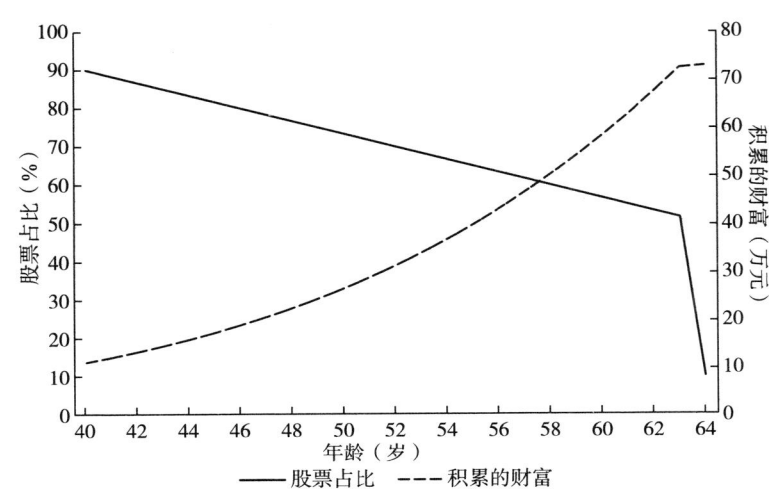

图 6.7　65 岁遭遇股市暴跌之前已调整配置比例，各年龄段积累的财富与股票仓位

按照财富管理的目标，对资产的配置比例进行调整，是对基于生命周期资产配置策略的一个重要补充。在实际操作中，我有以下三点建议：

1. 为自己制定一个明确的财富管理目标，这是制订资产配置计划的先决条件和重要依据。
2. 40 岁之前，可以保持一个比较高的股票占比，这个比例取决于你的风险承受能力和财富管理目标。如果你的风险承受能力和财富管理目标都比较高，那么股票占比可以高一些，比如 90%；如果风险承受力较低，那股票占比可以低一些，比如 70%。年轻时的股票占比尽量不要低于 60%，否则会显著降低投资收益的增速。

3. 40 岁后，一方面逐年降低股票占比，另一方面根据股市的情况和积累的财富与目标的差距，主动对资产的配置比例进行及时的调整。在遭遇股市大幅下跌后，主动上调股票的仓位；在接近或达到财富管理目标时，主动降低股票占比。

因此，我们在进行资产配置时，可以对以上两种策略结合使用，这既给出一个客观的指导依据，也提供了一个个性化的动态调整机制。

## 如何设定合理的理财目标？

设定合理的目标，对于理财是非常重要的。一方面，设定一个合理的目标能让我们明确方向，更有动力长期坚持下去；另一方面，合理的目标对于在财富管理过程中调整资产配置比例也至关重要。

## 理财目标包含哪些内容？

大多数人理财的终极目标，是获得幸福。为使财富管理的过程更具可操作性，理财需要一个可量化的目标。这个可量化的目标由以下两部分组成。

期限

期限是指财富管理的年限，常见的期限有两种：一种是以退休年龄为财富管理的关键时点，比如以 60 岁为目标时点；另一种是以期望实现财务自由的年龄作为关键时点，比如以 45 岁为目标时点。

**金额**

金额，是指截至理财的目标时点，期望积累的财富总额。这个金额的设定，一方面要考虑有品质的生活所需的开支，另一方面需要结合自身的风险承受能力，不要因为一味追求高收益而让自己陷入市场波动带来的巨大压力之中。

## 如何设定理财目标？

接下来，我们用几个例子来说明理财目标如何设定。

### 按 60 岁退休，设定理财目标

一对夫妻希望在 60 岁退休后，依然保持有品质的生活。这样的生活不是要大富大贵，奢侈享乐，而是要在衣食住行方面都有较高的品质，生活得比较舒适、惬意。他们可以按以下步骤设定理财目标。

第一步，估计退休后每年的开支。他们估计退休之后，要保持有品质的生活每年需要的开支大致为 20 万元，具体如下：

- 每个月餐费、水电费、燃气费约 4 000 元，每年 4.8 万元。
- 每个月添置衣物、日用品约 1 000 元，每年 1.2 万元。
- 每年旅游 4 次，每次平均花费约 2 万元，每年 8 万元。
- 每年医保外医疗开支和体检费用约 2 万元。
- 每年保健品花费约 2 万元。

● 每年给孙辈的礼物花费和压岁钱约 2 万元。

第二步，估计每年需要的理财收益。他们预计每年退休金能有 10 万元，因此他们每年需要通过理财获取收益 10 万元，以应对生活所需要的开支。

第三步，计算获取对应理财收益所需要的本金。他们打算退休后把钱投到较为安全的资产上，比如银行存款、国债、货币基金等，预计年化收益率为 2% 左右。按 2% 的年化收益率计算，获得 10 万元理财收益需要的本金为 500 万元（10 万/2%）。因此，60 岁时积累 500 万元，就是这对夫妻的理财目标。

那么，为了实现这个目标，他们该怎么做呢？40 岁开始来得及吗？事实上，若按 10% 的年化收益率，他们只需要在 40 岁时，投入 35 万元，以后每年再定投 5 万元，到 60 岁时即可积累超过 500 万元，其财富积累的路径如图 6.8 所示。

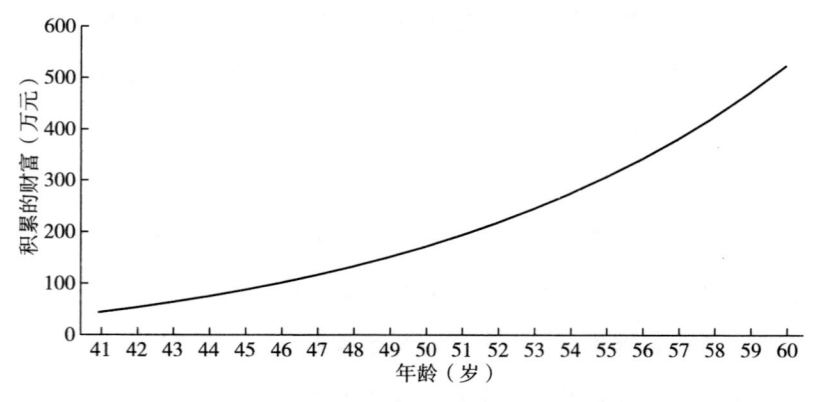

图 6.8　40 岁投入 35 万元，此后每年定投 5 万元，按年化收益率 10% 的财富积累路径

## 按45岁财务自由，设定理财目标

一对年轻的夫妻希望在45岁实现财务自由，他们可以按以下步骤设定理财目标。

第一步，估计45岁后每年的开支。他们估计每年开支30万元，具体如下：

- 每个月家庭的餐费、水电费、燃气费约5 000元，每年6万元。
- 每年给孩子的教育支出约8万元。
- 每年给亲朋好友准备礼物、礼金的开支约3万元。
- 每年给全家人配置的保险开支约6 000元。
- 每个月添置衣服、日用品的开支约2 000元，每年2.4万元。
- 每年在国内旅行4次，每次平均开支约2.5万元，每年10万元。

第二步，在每年开支30万元的基础上，设立家庭紧急备用金，每年约10万元，因此他们每年需要的投资收益为40万元。

第三步，计算45岁后用于投资理财的本金。他们计划45岁之后，用股票、债券、基金等资产构建组合。按10%的年化收益率计算，每年获取40万元投资收益需要的本金为400万元（40万/10%）。

第四步，除了日常开支，他们还需要积累一笔钱用于45岁买房，预算是300万元。因此，加上这300万元，这对夫妻一共需要700万元。因此，45岁时积累700万元，就是他们的理财目标。

45岁时积累700万元，相比上一个例子中的60岁时积累500

万元，不仅金额更高，而且要在 45 岁之前达到，因此这就需要尽早开始，而且期初的投入和每年定投的金额更多。按 10% 的年化收益率，他们需要在 30 岁时投入 50 万元，以后每年定投 15 万元，其财富积累路径如图 6.9 所示。

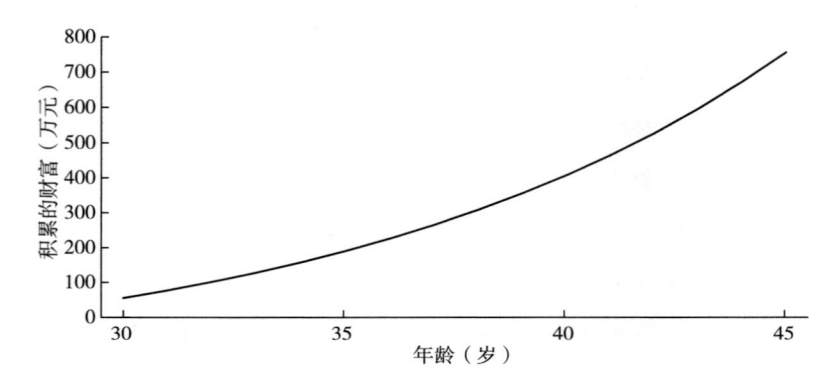

图 6.9　30 岁投入 50 万元，此后每年定投 15 万元，按年化收益率 10% 的财富积累路径

## 财富积累公式

我们可以进一步讨论财富积累公式，来明确如何设定理财目标，制订理财计划。一个财富管理计划应包含 4 个部分：初始资金、定投金额、预期收益率和投资年限。

1. 初始资金，代表你开始时为该理财计划投入的资金。这笔初始资金通常来自前期的积蓄，包括工资、奖金和长辈赠予等。初始资金往往因为金额较大且投资年限最长，成为财富积累中贡献最大的一笔投入。

2. 定投金额，指你每年向该理财计划投入的金额。这个金额越高，意味着用于获取投资收益的本金增长越快，财富积累的速度也越快。

3. 预期收益率，代表你针对该理财计划预期的收益率水平。这个预期收益率将决定你如何进行资产配置。如果你期望更高的收益率，那么你就需要配置更高比例的股票资产，因此承受的波动也会更大；如果你预期的收益率较低，那就可以更多配置波动相对较小的资产，比如存款、国债和货币基金。

4. 投资年限，是指你从现在开始理财到实现理财目标需要的时间。

假定投资年限为 T 年。财富的积累水平，就等于你从现在到第 T 年，每年向理财计划中所投入的金额，按预期收益率，增值到第 T 年，汇总求和得到的金额。财富积累水平的计算公式如下：

财富积累水平 =
初始投资 × (1+预期收益率)$^T$+定投金额 × (1+预期收益率)$^{T-1}$
+……+定投金额 × (1+预期收益率)$^2$+定投金额 × (1+预期收益率)$^1$
= 初始投资 × (1+预期收益率)$^T$+定投金额 × $\dfrac{(1+预期收益率)^T-1}{预期收益率}$

比如，40 岁投入 35 万元，此后每年定投 5 万元，按预期年化收益率10%，到60岁时，投资年限为20，积累的财富如下：

$$60\text{岁时积累的财富} = 35\times(1+10\%)^{20}+5\times\frac{(1+10\%)^{20}-1}{10\%}$$

$$=521.84\text{万元}$$

## 设定理财目标切忌不切实际

在设定理财目标时，切忌不切实际，否则会带来以下三大问题。

**动力问题**

目标设定过高，现实与预期落差就会过大，这会导致理财的动力不足，即使有所成效，我们也会因为离目标太远而感到沮丧，容易中途放弃。

**风险问题**

如果将理财目标设定过高，我们就容易为了追求高收益而去承受高风险，这会使财富的积累过程像坐过山车一样，大幅震荡会让人承受很大压力，甚至是极大的痛苦。一般来说，10%的年化收益率，对大多数人来说是比较合理的预期收益率。

**消费问题**

设定过高的理财目标，必然要求我们投入更多的本金，而这就要求我们减少消费，这会影响我们当下的生活质量。尽管理财需要定期的投入，但并不代表要降低生活品质。理财倡导的是生活俭朴，但绝不是生活拮据。

设定合理的理财目标，核心在于始终牢牢把握"理财是为了更加幸福"的原则。唯有提升幸福感的理财，才是可持续的、科学合理的。千万不要因为追求高收益而承受过高风险，也不要因为理财而降低当前的生活品质。

## 如何配置固收产品？

固收产品，指的是在约定期限内按固定利率提供收益的理财产品。比如，银行活期存款和定期存款，就是最常见也是使用最广泛的固收产品。固收资产，是个人和家庭资产配置中最主要的资产之一。

### 存款特种兵[1]

一个本可以睡懒觉的周六，95后的海小姐却在清晨5点就被闹铃叫醒，因为她要乘坐高铁去另一个城市存钱。

"早上5：00起床，5：45洗漱完毕，吃完早饭6：00出门，搭乘公交车半小时左右到达高铁站，正好可以赶上从绍兴开往上海的最早一班7：00的高铁。8：30准时到达上海虹桥火车站，再搭乘地铁大概半小时到银行。所幸是周末，地铁上有空位可以眯一会儿。"海小姐在之后接受采访时详细地介绍了她特种兵式的跨城存款时间表。

当赶到银行时，海小姐发现营业厅内已挤满等待办理业务的

---

[1] 资料来源：《经济观察报》2023年6月10日的报道。

储户。等待过程中，海小姐和周围的人一交流，才发现有好几个人都是和自己一样的"存款特种兵"。

"跨城存款这个方法，其实也是前段时间和小伙伴们交流时才了解到的。后来一算，在剔除来回的交通成本，多出来的利息确实还有不少。"海小姐介绍到，绍兴本地银行的 3 年期存款利率大多在 3.0%，而上海地区某些银行 3 年期存款利率可以达到 3.55%。

以存款 10 万元为例，绍兴本地银行的 3 年期存款利息是 9 000 元，而上海地区某银行 3 年期存款利息是 10 650 元，相差 1 650 元。海小姐表示，在去掉来回的交通成本，大概 400 元后，净利息还可以多出 1 250 元，顺便还能分两次上海一日游，一举两得。

海小姐如今在朋友圈里已算得上一名省钱存款小能手。用她的话说，"挣钱—省钱—存钱"这种蚂蚁搬家式的存款方式，已经成为自己的日常习惯。而形成这一金钱观念最大的原因，是她在前几年因公司经营不佳而遭遇大规模裁员。经历了小半年的失业，她突然意识到自己连坐吃山空一个月的资格都没有。

海小姐回忆到，在失业的 4 个多月里，即使已经省吃俭用，但还是不得不向父母伸手要生活费。也就是在那一刻，她才意识到自己不能再做洒脱的"月光美少女"，只有手中有存款才能更好地应对未知的未来。

## 固收产品的收益与风险特征

除了银行存款，常见的固收产品还包括国债、货币基金、固收类的银行理财、信托产品和券商的收益凭证等。固收产品广受欢迎的原因，主要是风险低、波动小。投资者持有固收产品，能按照产品所约定的时间获得固定的收益，这省去了财富管理中的不确定性。而且由于银行在公众心中具有很高的信用等级，因此老百姓将钱投向银行存款或者理财产品，也比较放心，不用担心银行无法兑付收益或本金。再加上银行的分支机构遍布全国各地，大家的工资也通常直接打到银行卡上，所以大多数人会自然而然地选择银行存款或固收类理财产品进行财富管理。又比如国债，由财政部代表中央政府发行，投资者也比较放心。因此，省心、放心，使得固收产品在中国财富管理领域长期占主导地位。

但是，风险与收益通常是成正比的。因此，固收产品低风险的特点，也带来低收益的属性。固收产品的收益率通常在2%~4%，有时甚至赶不上通货膨胀率，因此固收产品无法为大家提供有效的财富增值。那么，固收产品的定位究竟是什么？它在财富管理中应当发挥怎样的作用？

## 固收产品的核心作用是熨平波动

固收产品最大的优势在于波动低，所以它在理财中的作用是熨平波动。相应地，固收产品的收益较低，所以它并不是理财收益的主要来源。因此，固收产品的定位是熨平波动，而不是提高收益。但是，目前许多家庭利用固收产品来获得收益。

正如之前讨论的，为了获得提升幸福感的财富管理，大家需

要做资产配置,即构建一个资产组合,使其满足两个基本条件:

- 年化收益率超过 10%。
- 波动率小于 20%。

若仅配置固收产品,波动虽然小,但收益率很难达到 10%。但如果全部配置股票资产,收益率虽然有可能超过 10%,但是波动太大。因此,需要构建一个股票与固收产品的资产组合,用股票资产提升收益,用固收资产熨平波动,从而获得理想的收益与风险的平衡。

### 固收产品的应用场景

按照财富管理的资金配置原则,我们需要将资金分配为增值层和保障层。增值层用于长期的财富增值,保障层用于应对日常开支和风险事件。固收产品在增值层中有两种应用场景,在保障层中有一种应用场景。

在增值层中,固收产品有以下两个应用场景。

一是,在未发生股市暴跌的时期,固收产品可被用于降低投资波动。比如,按照先锋基金的基于生命周期的资产配置策略,25~45 岁,股票资产的占比为 90%,固收资产的占比为 10%;到 60 岁时,股票资产的占比为 60%,固收资产的占比为 40%。通过配置一定比例的固收资产,就能显著降低投资波动,尽可能让投资的波动和风险在个人可承受的范围内。

二是，在发生股市暴跌的时期，固收产品可被用于避险，以此规避股市大跌带来的显著亏损。如前所述，股市暴跌来临时，市场会出现较长时期的大幅下跌，此时股票市场收益机会较少，投资股市会导致财富的大幅缩水。因此，当出现股市暴跌时，出于避险的考虑，大家可以将大部分资金配置固收产品。

因此，对于增值层，固收资产所占的比重，取决于我们对股市走势的判断。如果认为股市风险较大、收益机会较少，固收资产的比例就可以提升。如果认为股市有收益机会，就可以基于对波动的考虑，为固收资产的占比设置一个下限，然后进行相应的资产配置。

在保障层中，固收产品的应用场景有一个，类似获得活期收益的零钱包。保障层的资金优先考虑的是安全性——不能亏本，以及流动性——随用随取。因此，保障层的资金只能投向没有设置固定期限的固收产品，比如直接放在银行账户里获得活期存款的收益，或者是放在诸如余额宝这样的货币基金里。此时，固收产品提供的是一个安全灵活的存放零钱的工具。

**固收产品的选择**

不同应用场景下，固收产品的选择也会有所不同。此处，向大家讲解一个与股票投资能"无缝衔接"的固收产品——交易所国债逆回购。

交易所国债逆回购是指金融机构在证券交易所向投资者进行短期借款，并用国债进行抵押，形成的固收产品。大家投资交易所国债逆回购，本质上就是将钱借给金融机构，按期限获得约定的利息收益。交易所国债逆回购有以下几个特点。

1. 安全，无风险。交易所国债逆回购的借款方是银行等信用等级高的金融机构，而且借款方还用无风险的国债作为抵押品，因此投资交易所国债逆回购基本不会有违约风险，十分安全。
2. 灵活性高。交易所国债逆回购提供 1 天、2 天、3 天、4 天、7 天、14 天、28 天、91 天、182 天不同的期限，投资者可以灵活地选择不同期限的产品。
3. 与股票投资"无缝衔接"。投资者投资股票是通过券商的客户端在交易所下单，交易所国债逆回购也是如此，因此投资股票的资金和投资交易所国债逆回购的资金，能在券商的客户端里比较方便地进行切换。大家卖出股票后，当天就可以将钱投资于交易所国债逆回购，当天就可以开始获取收益。又比如，投资交易所国债逆回购的资金到期后会回到证券账户，当天开盘后就可以交易股票。因此投资交易所国债逆回购就省去了基金申购、赎回的流程和时间，提升了财富管理的时效性，这也使交易所国债逆回购与股票在投资交易上形成灵活的互补。

交易所国债逆回购的交易，也像股票一样，通过输入代码来选择投资标的。上海证券交易所和深圳证券交易所都有国债逆回购，上交所和深交所的国债逆回购在单位面值上有所不同，上交所提供的国债逆回购每份是1 000元，而深交所提供的国债逆回购每份是10万元。

投资交易所国债逆回购时，报价是利率，即投资者可以通过查看国债逆回购的报价，直观地了解投资交易所国债逆回购能获得的年化收益率。以上交所1天国债逆回购为例来说明，仅作示例不作推荐。

在图6.10中，在"证券"一栏输入该1天国债逆回购的代码，在右侧就能获得其报价。图中的2.135，代表是2.135%，即当前上交所1天国债逆回购的年化收益率为2.135%。若希望以一个更高的利率成交，可以在左半部分的"价格"一栏，填一个比2.135更高的数字，比如图中填的是2.190，即表明投资者希望获得2.190%的年化收益率。报的利率如果过高，可能无法成交。所以建议按照当前的报价下单。

关于交易所国债逆回购的投资收益，我们还需要了解另一个重要的概念——占款天数。交易所国债逆回购的期限和实际占款天数会有不同。比如，在周四买入1天国债逆回购，虽然只是将资金出借1天，周五早上资金即回到证券账户，但占款天数实际为3天，即可以拿3天的收益；在周五买入1天国债逆回购，因为下一个工作日是3天后，即下周一，所以是等了3天才能拿到资金，但占款天数为1天，即只拿1天的收益。

投资交易所国债逆回购的收益计算如下：

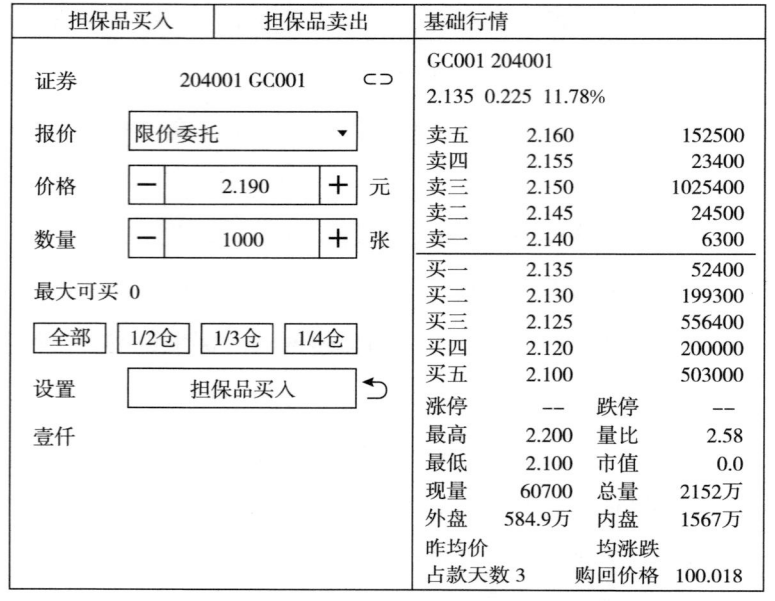

| 担保品买入 | 担保品卖出 | 基础行情 |
|---|---|---|
| 证券　　　204001 GC001　⊂⊃ | | GC001 204001<br>2.135　0.225　11.78% |
| 报价　　限价委托　▼ | | 卖五　2.160　　152500<br>卖四　2.155　　23400 |
| 价格　　［－］　2.190　［＋］元 | | 卖三　2.150　　1025400<br>卖二　2.145　　24500 |
| 数量　　［－］　1000　［＋］张 | | 卖一　2.140　　6300 |
| 最大可买 0 | | 买一　2.135　　52400<br>买二　2.130　　199300 |
| ［全部］［1/2仓］［1/3仓］［1/4仓］ | | 买三　2.125　　556400<br>买四　2.120　　200000 |
| 设置　　　担保品买入　　↺ | | 买五　2.100　　503000 |
| 壹仟 | | 涨停　　－－　　跌停　　－－<br>最高　2.200　量比　2.58<br>最低　2.100　市值　0.0<br>现量　60700　总量　2152万<br>外盘　584.9万　内盘　1567万<br>昨均价　　　　均涨跌<br>占款天数 3　　购回价格 100.018 |

图 6.10　上交所 1 天国债逆回购某交易界面

利息＝金额×利率×占款天数/365

比如，100 万元资金，按利率 3%、占款 1 天计算，那么收到的利息为 82.19 元（100 万×3%×1/365）。

交易所国债逆回购作为股票投资的互补，当股市出现明显下跌时，投资者可以卖出股票将资金转向国债逆回购，进行避险。

在增值层中，即使在股市未出现暴跌的情况下，出于降低波动的考虑，也需要配置一些固收资产。这部分资金就是长期配置固收产品，和投资股票的资金并不相通。这部分资金可以考虑的固收产品主要有固收类银行理财。银行理财有固定期限，但收益率比国债逆回购略高，为3%~4%。另外，也可以考虑银行大额存单等安全性较高的固收类理财产品。

## 如何配置指数基金？

指数基金，是指以特定的指数为标的指数，并以该指数的成分股为投资对象，通过购买该指数的全部或部分成分股构建投资组合，以追踪标的指数表现的基金产品。这类基金具有费率低、透明度高、所投股票质量较高等特点。如果年轻人时间精力有限，没有办法深入研究股市但又想获得股票投资收益使财富增值，指数基金是一个不错的选择。

### 指数基金的优势

指数基金的投资目标就是要为投资者提供十分接近标的指数的损益，哪怕在日度层面，都要求其损益与标的指数十分接近。为了实现这个目标，指数基金所选的上市公司以及每只股票所占的权重，基本上都是复制标的指数。所以，投资指数基金，本质上是投资一个股票指数，获得的是这个股票指数的损益。因此指数基金具有以下四个特点。

1. 费率低。因为指数基金完全按照标的指数的构成选股——标的指数里有哪些股票就买哪些，所以极大降低了选股成本，也降低了基金的费率。

2. 透明度高。指数基金是按照标的指数成分来选，而标的指数由哪些股票构成都是公开的，所以指数基金的投资运作十分透明。这种透明让投资者清楚收益的来源和亏损的原因，所以投资者会比较安心，也更有利于长期投资。

3. 所投股票质量较高。指数基金投资的是指数成分股，而只有满足一定条件的股票才会被纳入指数。经营亏损的、受到监管处罚的、财务造假的股票，是不会被纳入指数的，而且一旦指数的成分股出现上述情形，就会被剔除，从而在一定程度上保障了指数成分股的质量。

4. 选股分散，投资风险可控。指数通常包含成百上千只股票，因此不会出现基金的损益主要依赖少数几只股票的情形。这避免了因为基金重仓的上市公司爆雷或股价大幅下跌导致的亏损。

因此，对时间精力有限又想通过基金把握股市收益机会的年轻人而言，指数基金是一类适合长期持有的产品。

## 指数基金的收益与风险特征

A股市场按指数成分股的市值规模，有三个比较常见的指数——沪深300指数、中证500指数和中证1000指数。这三个指数的成分股覆盖了上交所和深交所的股票。其中，沪深300指数选取的是上交所和深交所中成交量和市值最大的300家上市公司的股票；中证500指数选择的是沪深300指数成分股以外的500家成交量和市值最大的上市公司股票；中证1000指数则选择的是沪深300指数和中证500指数成分股以外的1 000家按成交量和市值最大的上市公司股票。因此，沪深300指数代表的是大盘股的市场风格，中证500指数代表的是中小盘股的市场风格，而中证1000指数代表的是小盘股的市场风格。

了解沪深300指数、中证500指数和中证1000指数所代表的市场风格，对于用好指数基金十分重要。在不同的时期，上涨的市值板块会有轮动。2006—2022年以上3个指数的年化收益率如表6.1所示。

表6.1 2006—2022年三大指数的年化收益率 （单位:%）

| 年份 | 沪深300指数 | 中证500指数 | 中证1000指数 | 大小盘风格 |
| --- | --- | --- | --- | --- |
| 2006 | 110.23 | 104.51 | 81.15 | 大盘 |
| 2007 | 168.53 | 173.53 | 185.09 | 小盘 |
| 2008 | −64.38 | −58.41 | −56.87 | 小盘 |
| 2009 | 87.54 | 124.07 | 130.92 | 小盘 |
| 2010 | −10.89 | 9.05 | 16.65 | 小盘 |
| 2011 | −24.65 | −31.79 | −29.93 | 大盘 |
| 2012 | 8.02 | −0.97 | −3.66 | 大盘 |
| 2013 | −8.86 | 16.40 | 31.72 | 小盘 |
| 2014 | 50.27 | 40.77 | 35.91 | 大盘 |
| 2015 | 7.88 | 41.65 | 72.41 | 小盘 |
| 2016 | −10.87 | −17.21 | −18.72 | 大盘 |

续表

| 年份 | 沪深300指数 | 中证500指数 | 中证1000指数 | 大小盘风格 |
| --- | --- | --- | --- | --- |
| 2017 | 21.65 | -1.73 | -18.80 | 大盘 |
| 2018 | -24.83 | -30.89 | -34.32 | 大盘 |
| 2019 | 34.34 | 22.63 | 21.32 | 大盘 |
| 2020 | 24.08 | 19.13 | 17.89 | 大盘 |
| 2021 | -2.86 | 16.47 | 19.28 | 小盘 |
| 2022 | -21.87 | -19.66 | -19.30 | 小盘 |
| 平均 | 20.20 | 23.97 | 25.34 | |
| 累计 | 316.69 | 584.89 | 646.02 | |

表6.1中的最后一列，通过比较指数的收益率，可以判断当年的市场风格：如果沪深300指数的收益率高于中证1000指数的收益率，就说明当年大盘的收益整体比小盘更高，是大盘风格；反之，则为小盘风格。

从表6.1中可以看出，市场风格会在大小盘之间来回切换。比如2006年是大盘风格，但2007—2010年，小盘股的表现都优于大盘股。2011—2015年，市场风格频繁在大盘和小盘之间切换。从2016—2020年，又进入了一个大盘股占优的市场风格，但在2021—2022年又切换回了小盘股占优的市场风格。

表6.1给出一个关于投资指数基金的十分重要的指引：不能只买单一风格的指数基金。市场的风格在大小盘之间频繁切换，会使得投资单一风格的指数基金的风险较大。因此，在投资指数基金时，就需要将沪深300指数、中证500指数、中证1000指数都纳入投资组合，进行均衡配置，这样就能显著降低因为市场大

小盘风格的切换带来的投资风险。

从波动来看，投资指数基金也会遭遇大幅下跌的年份，比如2008年，在全球金融危机的大背景下，各个指数都下跌了60%左右。在2018年，沪深300指数下跌24%，中证500指数和中证1000指数下跌幅度超过30%。在2022年，各个指数再次出现了20%左右的下跌。

从收益来看，2006—2022年，沪深300指数、中证500指数和中证1000指数的平均年化收益率均超过20%，累计收益分别超过3倍、5倍和6倍。

图6.11展示的是沪深300指数、中证500指数和中证1000指数，以及按平均分配投资这三个指数的累计收益率。2015年年中出现过一个累计收益的高点。在2015年1月到6月中旬，股市出现过一波大牛市，但之后指数大幅下跌。尽管有波动，但自2006年开始长期持有各个指数，至2022年均能获得十分显著的收益。

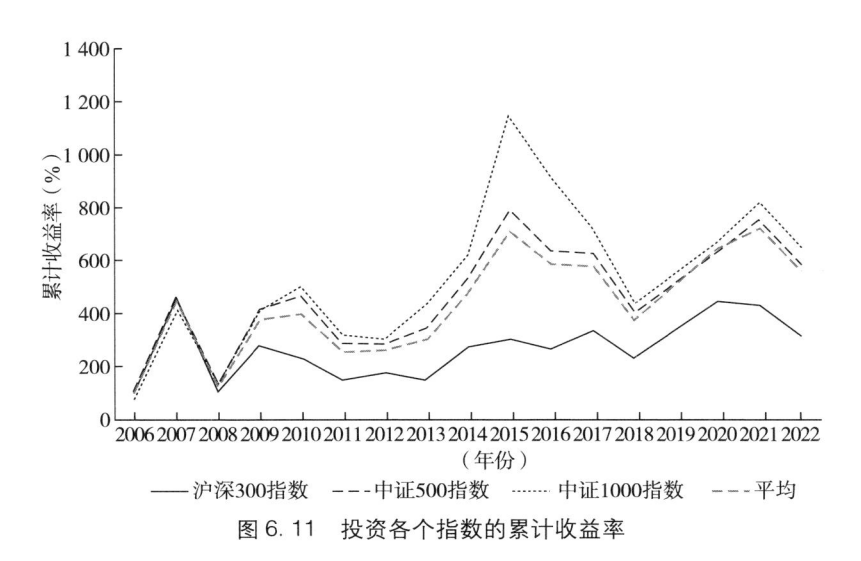

图6.11 投资各个指数的累计收益率

总结下来，指数基金由于费率低、透明度高、所投股票质量高等特点，能够成为股票之外比较理想的用于长期财富管理的工具。

## 利用定投打破基金"一投就亏"的怪圈

现在投资基金的年轻人越来越多，但许多人陷入"一投就亏"的怪圈，原因何在？又该如何打破这个怪圈？

### 基金"一投就亏"的原因

基金"一投就亏"，主要还是投资的时机出了问题。大家一般是什么时候去买基金呢？大多数人是在市场大幅上涨、投资者情绪高涨的时候。图 6.12 是国内股票型基金和混合型基金的份额，与反映 A 股整体走势的上证指数的对比。

从图 6.12 中可以看出，基金份额大幅增加通常是在股市大涨之际。比如在 2007 年 9 月，基金份额大增 5 311.5 亿份，同时上证综指达到 5 552 的高点。尽管大盘在一个月之后上涨到了 5 954 点，但此后一路下跌。到 2008 年 12 月，上证指数已经下跌至 1 820 点，相比基金份额大增时的 5 552 点，跌幅高达 70%。这也意味着，2007 年 9 月流入市场的 5 000 多亿元资金，一年零三个月之后，亏损达到了 3 500 亿元之巨。

类似的情况在 2015 年再次出现。2015 年 1 月到 6 月中旬，上证综指从 3 200 点一路上涨到了 5 178 点。投资者从当年 4 月开始涌入市

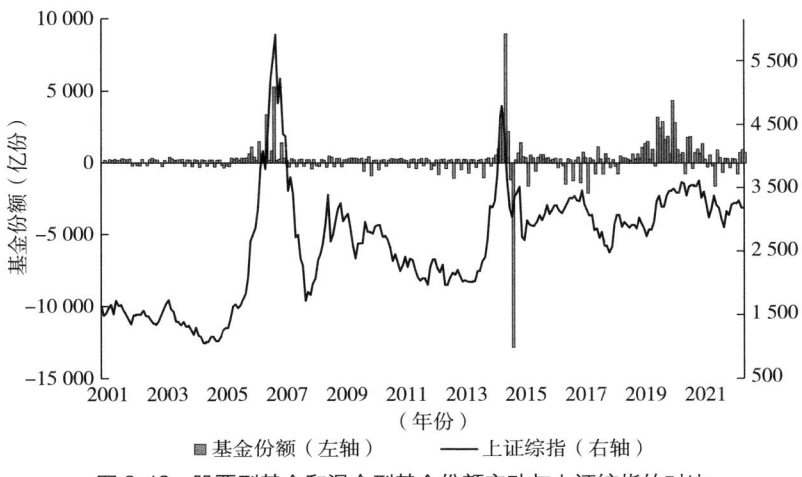

图 6.12 股票型基金和混合型基金份额变动与上证综指的对比

场,到 6 月股票型基金和混合型基金的份额累计增加了 1.5 万亿份。而从 6 月中旬开始,股市发生暴跌,到 9 月上证综指已经跌至 3 052 点,相对 6 月中旬的高点,跌幅达到 42%。与此同时,基金份额在当年 8 月和 9 月累计减少了 1.4 万亿份。这意味着,在股市暴跌前夕 5 000 点左右进入的资金,有可能大部分在 9 月市场跌到 3 000 点左右时进行赎回操作——不到 4 个月的时间,亏损幅度达到 40%。

图 6.12 说明,大多数投资者会在市场高涨,甚至接近顶点即将迎来暴跌之际,大幅涌入市场认购基金产品——一旦认购,市场立刻急转直下,投资者在很短时间内就出现了大幅亏损。

这样的情况,不仅出现在股市整体大涨了一段时间行将下跌的时候,也会出现在一些板块或行业大幅上涨的时候。有些基金因为重仓了当年股价大幅上涨的行业,取得了十分亮眼的业绩,从而在年底或第二年年初吸引众多投资者申购。但随着行业轮动,

第 6 章 资产配置,稳步积累财富

前期表现好的行业往往风光不再，转为下跌，导致这些基金新的投资者刚投没多久，就出现了明显的亏损。

## 利用定投打破基金"一投就亏"的怪圈

要想打破基金"一投就亏"的怪圈，一个有效的方式就是定投。基金定投，是指按一定的时间间隔，有规律地、持续地向同一个基金产品进行投资的理财方式。你如果选好了一只基金，认可这只基金的投资运作方式，就可以将这只基金当作一个获取长期收益的工具，通过定期持续投入，把握市场上的收益机会。定投有以下十分突出的好处：

1. 将集中的投资转变为分散的投资。通过定投，你每隔一段时间就会对基金产品进行投入，投入的资金在时空上就被分散化了。这就避免了你因为看到市场大涨、行情火热而做出的大笔的、集中的投资。事实上，除了在股票市场大幅下跌的时期，其余时候市场虽有波动，但还是有不少获取收益的机会。通过持续地将资金投入股票市场，你就更有可能获得收益，而不是"一买就亏"。
2. 将零散的投资转变为固定的投资。定投对于年轻人养成理财的习惯特别有帮助。为管理好财富，你需要按时进行资金投入，这是一个需要定力和耐力的过程。因此理财本身需要大家保持极高的自我约束力和控制力。这当然不容易。

通过定投，养成在固定的时点进行投资的习惯，进而让习惯变成一种生活方式，这样能很好地帮助大家持续稳定地去做财富管理。
3. 将主观的投资转变为客观的投资。按照定投，你的投资决策就不再依据主观对未来市场的判断，而完全取决于客观的日期。一旦投资是依赖主观对市场的判断，那么投资就会受到主观因素的诸多影响。比如人们倾向于认为市场涨了就会继续涨，这导致很多人买在高点；人们也会在市场下跌时不敢投资，结果错过上涨。市场的涨跌瞬息万变，波动在所难免，因此就需要大家通过定投，"以不变应万变"。

## 关于定投的几点建议

1. 将定投日设在发工资的日子。这样就能避免因为后续的消费透支收入，导致无法持续投资的问题。
2. 是否投资仅取决于日期，屏蔽其他因素。切记不要让投资决策受到市场走势的影响。比如，不要因为市场涨很多就着急要投，也不要因为市场近期下跌了就不敢投或延后投资。
3. 定投了就不再卖出。这一点十分关键。如果大家按照定投的方式投了，没过多长时间又因为种种原因从基金中赎回，那这就抵消了定投带来的资金流入，也使得定投带来的益处被削弱。

# 第 7 章
## 做好风险管理,财富人生更安稳

**理财一定要控制好风险**

理财毫无疑问是有风险的。比如，买股票可能遇到个股"爆雷"，买基金可能遇到产品"踩坑"等。因此，有效的风险管理对于长期做好财富管理非常关键。

**为什么理财中风险管理很重要？**

风险管理的核心目的，是帮助大家避免理财中的大幅亏损。我们还是以定投为例，每年定投 5 万元，按 10% 的年化收益率，从 25 岁到 67 岁能积累一笔超过 3 200 万元的财富。

但是，如果从 30 岁开始每 10 年就遭遇一次 30% 的亏损，这会对财富的积累造成怎样的影响？从图 7.1 可以看出，到 67 岁时，积累的财富就会大幅缩水至不足 1 000 万元，只有 873 万元。

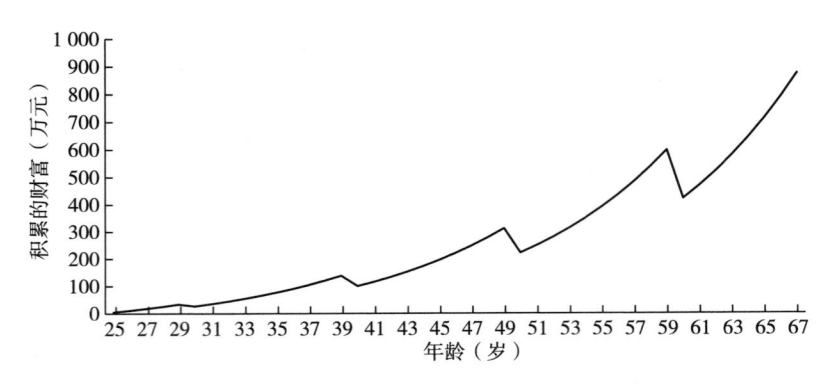

图 7.1 从 30 岁开始每 10 年遭遇一次 30% 的亏损积累的财富

缺乏有效的风险控制，不仅会导致财富的大幅缩水，更重要的是，大幅亏损会让人产生畏难情绪，严重影响人们理财的积极性。如图 7.1 所示，60 岁遭遇一次 30% 的亏损，会导致财富缩水 175 万元，一次亏损就把过去 4 年多的财富增值全部抹掉了，这会让人十分沮丧。而且到了 60 岁这样的年纪，人们对风险的承受能力已经不如年轻时那么强，对亏损也会更敏感。这个时候一旦遭遇大幅亏损，人们就很容易放弃继续投资股票，转而去投资低风险、低收益的资产，这样也就失去了后续通过股市上涨获得财富增值的机会。如图 7.1 所示，60 岁遭遇 30% 的亏损后，若不再投资股票，那积累的财富大概率就停留在 400 万元左右，很难增至 800 多万元。

因为大幅亏损放弃投资股票，因而错失财富增值的机会，这是缺乏有效风险控制给财富管理带来的最大影响。

事实上，进行财富管理时，风险存在于选择投资时机、投资标的，以及执行交易的整个投资流程当中。

- 投资时机。大家可以回想自己和身边的人一般会在什么时候买股票？大多数人是在股市大涨甚至已持续一段时间之后。而通常股市在经历了一段时间大涨、投资者情绪高涨之时，上涨空间已非常有限，反而下跌的可能性更大。一旦投资时机把握不好，就容易出现大幅亏损。
- 投资标的。很多人选股时，会追逐所谓的热点板块、热门股。热门股因为被广泛报道而吸引了大量投资者的关注和买入，短时间内就会上涨很多。但这样的股票，波动大、风险高，一旦热度过去，股价就容易出现大跌，给投资者带来大幅亏损。
- 执行交易。执行交易是一个非常容易出错的环节。以股票交易为例，交易时大家需要登录股票交易软件，选择买入或卖出，输入股票代码以及交易股票的数量。如果错将卖出点成了买入，或者买入时输错代码导致买错股票，由于股市 T+1 的交易机制，当天不能卖出，当天错误买入的股票只能在下一个交易日卖出，这可能会使投资者错过最佳交易时机。

所以，在进行财富管理时，务必做好风险管理，而我们首先必须明白风险的真正来源是什么。

**风险源自哪里？**

很多人在做风险控制的时候，总是想如何去防范上市公司的风险，防范金融市场的风险。当我们这么去认识风险的时候，其实就是认为风险来自公司、市场，而不是自己。但恰恰相反，风险真正的来源其实是投资者自身。人们是通过自己的分析框架、按照自己对投资的理解、依据自己的投资策略，去选择投资时机和投资标的，使得各只股票进入自己的投资组合。因此，控制投资风险最有效、最核心的手段，是优化自身的投资方式，进而使投资风险得到显著降低。

实际上，如果投资者按照一种非理性的方式去投资，就像之前提到追逐热门股，极易遭遇亏损，但是如果投资者基于公司基本面，进行理性投资，长期一定会获得丰厚的回报。比如，大家不是等到市场大涨才去买股票，而是利用之前提到的估值分析的方法去选股，这样能极大避免因为买在高点又赶上股市暴跌而遭遇大幅亏损。

我们自身给投资带来风险的根源在于，我们的主观认知存在局限性，而且人性就贪婪，又常有焦虑和恐惧等情绪。认知的偏差和情绪的失控都会使投资者失去理性，对投资产生持续的负面影响。所以，控制风险的关键就在于，找到一种方式去避免认知的偏差和人性的弱点给投资带来的负面的影响。

## 如何做好风险管理？

美国富达基金曾经做过一个统计，发现收益最高的是以下三类客户：

- 客户已经去世，但账户并未赎回，还在投资运作。
- 客户已经去世，但账户所有权存在争议，无法赎回，只能继续投资运作。
- 客户把账户忘了，但账户还在持续投资运作。

这是一个有趣的统计结果。虽然统计的结果比较极端，但都指向了同一点：要想长期取得显著的投资收益，就要减少人为对投资的干扰——用长期主义去抵御短期波动，让投资者免受主观情绪等非理性的影响。

具体而言，关于风险控制，我有以下三个建议。

1. 不要时刻关注股价。许多人在买了股票之后，就会不自主地时刻关注股价。但股价的波动相对较大，这让投资者惴惴不安、寝食难安。且不说这样做对身体不利，更重要的是，对股价越关注，就会越感受到市场的冲击，放大内心的贪婪和恐惧，容易做出错误的投资决策。投资者不需要实时关注股价的波动，只需要在一些固定的时点，比如月中、月末，或者季末最后一个交易日，观察持仓情况，或者选出更优的投资标的去替换现有标的。这可以很好地帮助我们过滤市场的噪声，保持理性。
2. 找一个合作伙伴互相监督扶持。一个人容易非理性，两个人就不是那么容易了。当你处于非理性时，同伴可以给予提醒和监督，帮你回归理性，这在投资理财时非常有帮助。

3. 建立一个科学合理的投资框架。采用理性的投资策略，以及以基本面分析为基础的选股标准，并坚持执行。建立这样一个科学合理的投资框架，可以保障投资始终在一个理性的轨道上运行。

**常见的非理性投资行为**

以下列举的是一些常见的需要避免的非理性投资行为。

1. 投资风险过高、波动过大的资产。比如，虚拟货币、行将退市的股票等。将财富投入这样的资产风险非常大，稍有闪失就会导致财富清零，实在是得不偿失。
2. 借很多钱，加很高的杠杆，或者卖房去做投资。这些都是十分危险的投资行为，一旦出现亏损，不仅会导致本金亏损，还会产生巨额债务，影响正常的生活，完全违背了提升幸福感的理财初衷。
3. 只顾收益不顾风险，或投资无法评估风险的资产。"当你怀疑的时候，就不要去做""只投自己懂的"，这些都是投资中十分经典的原则。如果不明白一项资产的收益和风险特征，不明白这项资产的价值所在，不明白它是如何产生现金流的，那么就不要投。
4. 别人投，我也投。这一条投资理由经常出现在买房、买股票和买基金等场景。但在投资这件事上，别人的投资判断不能代替自己的理性分析。很多时候从众心理会使人跟风冒进,进而带来大幅的亏损。

总而言之,大家一定要控制好风险,这样才能长久地做好财富管理,获得财富的长期增值。

## 如何正确应对股市下跌并降低其对财富的影响?

在我们漫长的理财生涯中,遇到市场下跌,甚至长期大幅下跌,可以说是一件确定的事情。仅一次市场大跌,都有可能给我们的财富带来巨大亏损。如果我们明知道股市会出现大幅下跌,但又不知如何应对,那从开始理财就会心里没底。就像行程开始了,明知道路上有一颗"定时炸弹",却不知道具体在哪儿。这不仅会使我们的内心产生焦虑,更易使我们的投资行为变形,做出错误的投资决策。那么,如何正确应对股市下跌,并降低其对我们的财富造成的影响?

### 正确认识风险:好风险与坏风险

首先,我们要对风险有正确的认识。人们常说,投资要控制风险、规避风险。所以大多数人是厌恶风险的,认为风险是一件坏事。但实际上,风险不是贬义词,而是中性词,它本质上是指不确定性。所以,我们可以把风险分成好风险、坏风险。

承担好风险是有意义的。如果承担了好风险，就有可能获得正收益。但有一些风险是不值得承担的，因为它更有可能带来的是亏损，而不是收益，这就是坏风险。

所以我们在投资时，首先要甄别风险，判断当前环境下的投资所承担的风险是好风险还是坏风险。

## 运用估值分析判断是好风险还是坏风险

有时股价上涨过快、过高，大幅脱离基本面，导致出现泡沫。当泡沫破灭时，股价就会出现大幅下跌，这时投资者承担的就是坏风险。通过简单却行之有效的估值分析，就能判断市场风险是好风险还是坏风险。

接下来以2015年1月至9月A股整体平均市净率为例，介绍如何通过估值分析判断市场风险，具体如图7.2所示。

2015年上半年，A股市场出现了一次大幅上涨，从图7.2可以看出，当时A股上市公司的平均市净率从3倍上升至超过7倍，但之后又出现大幅下跌。

图7.3将A股市值最大的300家上市公司（大盘股）和大盘股以外的其他公司（中小盘股）区分开来，分别计算这两类股票的平均市净率。在2015年上半年，大盘股的平均市净率最高到4倍，是一个较高但不至于说严重脱离基本面的估值水平。反观中小盘股，平均市净率最高超过了7.5倍。这意味着，对于中小盘股，1元的净资产在市场上能卖到7.5元，这是一个非常高的估值水平了。

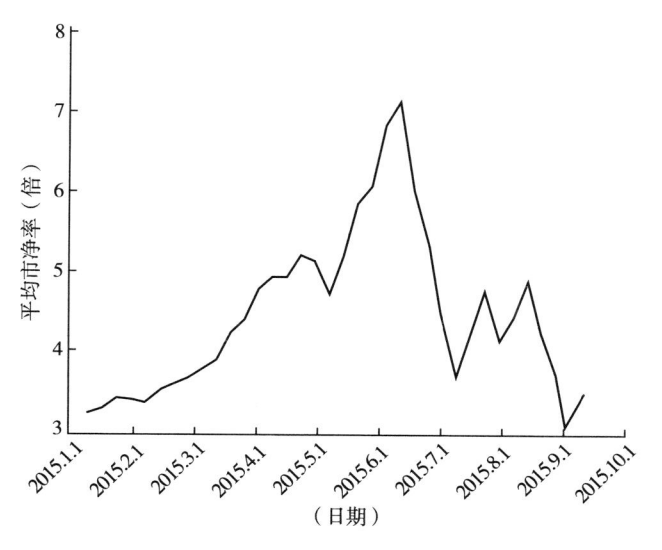

图 7.2　2015 年 1-9 月 A 股整体平均市净率

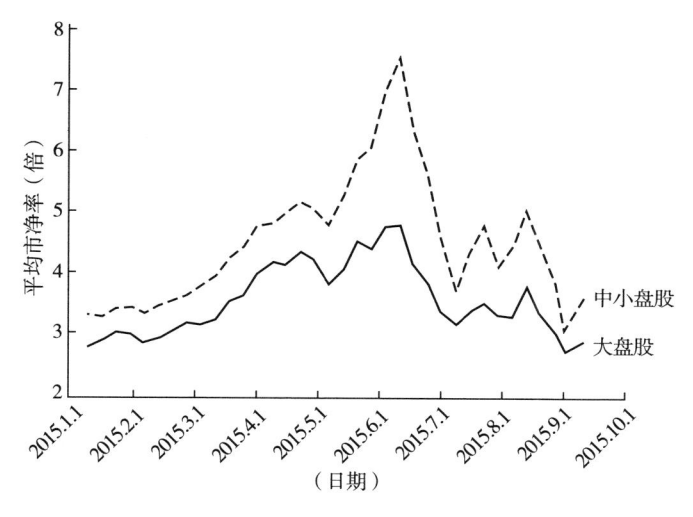

图 7.3　2015 年 1-9 月 A 股大盘股和中小盘股的平均市净率

图 7.3 也说明了，2015 年估值水平大幅上升的不是大盘股，

第 7 章　做好风险管理，财富人生更安稳

而是中小盘股。那么我们就要思考，当中小盘股的市净率超过 6 倍，甚至 7 倍时，此时承担的风险，是好风险还是坏风险？为了回答这个问题，我们可以从以下两个不同的维度进行分析。

**历史维度**

我们可以拉长历史周期，看一看 A 股市场的市净率比较合理的水平应该是多少。图 7.4 展示的是 2005—2016 年 A 股整体平均市净率。

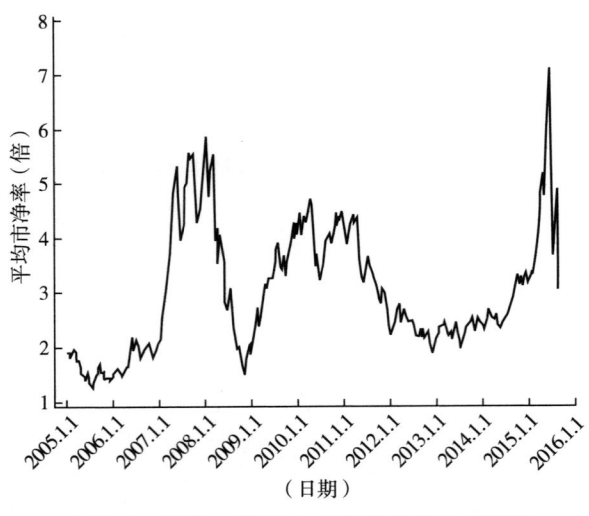

图 7.4　2005—2016 年 A 股整体平均市净率

在一个较长的历史周期里，大家会发现 A 股平均市净率在 3 倍左右。在 2015 年之前，平均市净率达到过 6 倍，那是在 2007 年 10 月，上证指数达到 6 124 点的历史顶点的时候。

但在那之后股市就出现了大幅下跌，从 6 124 点一路下跌，最低时只有 1 800 点左右。在这个过程中，A 股整体平均市净率从

6倍下降到1.5倍。

因此，尽管2015年上证综指没有超过6 000点，最高为5 166点，但是从市净率来看，2015年6月已经超过了2007年时的顶点。而且，2007年A股平均市净率达到6倍之后，就转而大幅下挫。所以，当2015年5月A股平均市净率再次超过5倍，甚至超过6倍的时候，我们可以推测出市场进一步上涨的空间已经十分有限了，反而下跌的可能性更大。

**全球维度**

我们以美国市场为例。在图7.5中，我把美国的上市公司按照市净率分成了最低那一半和最高那一半。我们会发现在美国股市市净率最低那一半，在很长一段时间里，平均的市净率差不多在1倍附近。但是市净率最高那一半，波动就比较大，特别是在2000年的时候出现过一个顶点。在2000年，当时发生了什么事情

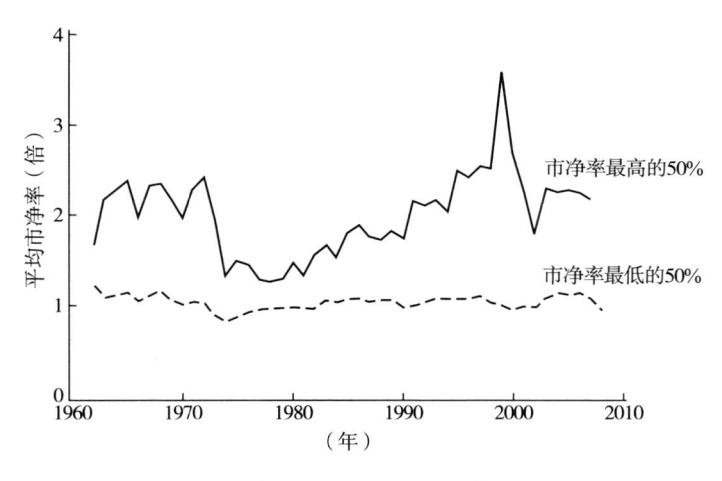

图7.5 美国上市公司市净率最高的50%和市净率最低的50%的平均市净率

呢？互联网泡沫！当时，但凡有公司把名字加上一个".com"，股价就可能翻倍。美国纳斯达克指数在 2000 年 3 月 10 日触及 5 048 点后，泡沫破裂，开始暴跌，至 2001 年年底，纳斯达克指数回撤超过 70%。但就在当时泡沫的顶峰，在那样一个为互联网企业而疯狂的年代，美国股市给它们的市净率也只有 3.5 倍而已。

因此，无论从历史维度，还是从全球维度，通过估值分析，我们都可以看出，2015 年 A 股整体平均市净率超过 6 倍是一个非常高的水平。

再进一步，我们可以看看上市公司的基本面情况。2015 年 A 股上市公司的估值那么高，会不会是因为公司的基本面特别好，从而可以支撑那么高的估值呢？这个时候，我们可以看一下 A 股上市公司的收入增长率，2005—2016 年 A 股上市公司平均收入增长率如图 7.6 所示。

从图 7.6 可以看到，A 股上市公司的收入增长率从 2010 年开始就不断下降，到 2015 年已经降到了个位数。因此，2015 年 A 股上市公司的基本面并没有创历史新高，相反是处在历史低位。这样一个处在历史低位的基本面，又如何能够支撑一个超越历史最高水平的估值呢？

所以通过这样一个简单的分析，我们就能看出，2015 年当 A 股整体平均市净率接连突破 5 倍、6 倍，甚至超过 7 倍的时候，投资者所承担的风险就是坏风险。通过这样的分析，大家就可以做出理性的投资决策——主动避开坏风险，更不会进一步加仓。

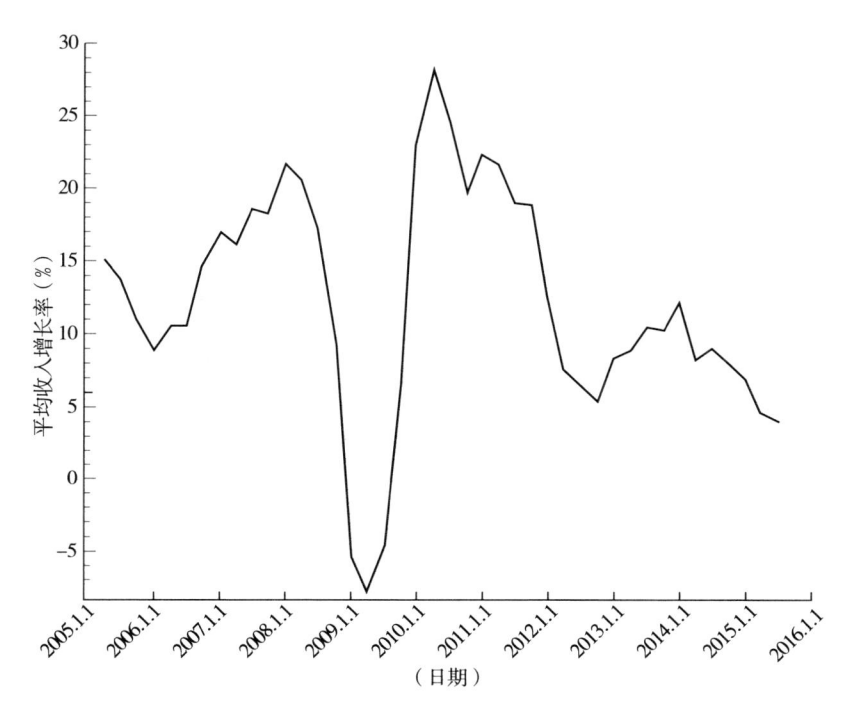

图 7.6　2005—2016 年 A 股上市公司平均收入增长率

## 情绪如何使我们在理财时犯错？

情绪对我们生活和工作的影响无处不在，也无法避免。情绪带来的行为，是实时的、未经大脑理性思考的。因此，我们在理财时，会因为恐惧、焦虑等情绪而出现非理性行为，做出错误决策。所以我们需要认识情绪，管理情绪对理财带来的影响。

知己知彼，百战不殆，只有了解情绪及其对理财的影响，才有可能更好地管理情绪。

## 人为什么会有情绪？

我们都知道生气、焦虑、着急起不到积极作用，反而会带来很多问题，那为什么还是会控制不住地产生这些消极情绪呢？为什么不能心平气和地面对一切呢？

对这个问题的探索非常重要。我们每个人都需要正视自己的情绪，而第一步就是了解情绪产生的根源。美国临床心理学家萨姆·阿利布兰多（Sam Alibrando）在《情绪力》（*The 3 Dimensions of Emotions*）一书中认为，情绪是大脑工作方式的必然产物。

第一，情绪的产生是在大脑的边缘系统。情绪的产生，并不受大脑控制，而是在大脑边缘系统就完成了。换句话说，在大脑还没有做出完整、理性、缜密的思考之前，情绪就已经产生了。那大脑为什么会允许情绪蔓延呢？原因就在于，大脑需要边缘系统面对突发性的事件即刻产生情绪，从而保护人体。比如在野外遇到猛兽时，边缘系统会首先启动，让人产生恐惧的情绪，从而远离危险；比如面对竞争时，边缘系统会产生压力，促使人们采取应对措施。

第二，边缘系统产生的情绪有时十分强烈。一方面，强烈的情绪能够帮助人们将注意力都集中到所发生的突发事件上，从而能调动人体的一切资源去应对；另一方面，强烈的情绪能促使人们立刻积极地思考应对办法。实际上，为了吸引人自身的注意力或者调动人的身体、思想去应对事件或危机，情绪得具有一定的强度才能达到目的。

第三，人们的绝大多数行为是自发的、未经思考的。虽然人类与动物的最大区别在于我们有一个聪明的大脑，但实际上人们的绝大多数行为并不是经过大脑思考而做出的，而是自主自发的。比如我们每天的基本动作——走路，这是一件非常不容易的事情，对视觉信号的处理、左右脚连续迈步所使用的角度和力度、上身的摆动幅度、手脚的配合都需要我们有十分精确的把握。但当我们走路的时候，谁会去思考上述与走路息息相关的事情呢？我们不用去思考，因为走路是自发的。通过自发的行为，你的手脚会完美地配合，全身会完全平衡。进而你会发现，我们做的绝大多数事情都是自发的：呼吸、骑车、吃饭、睡觉、刷牙、聊天。甚至连工作时的一些行为，都是自发的。这种自发的行为还有很多。大脑之所以允许自发的行为，也是出于对人们的保护，帮助人们能在最短时间内做出当下最利于自己的行为。

第四，顽固不化。顽固不化是大脑试图保护我们的另一种方式。做出改变就意味着要走出"舒适区"，去尝试新的事物、做出新的行为，这增加了不确定性和受伤害的可能性。因此，大脑出于对人们的保护，会产生担心、畏惧的情绪，从而使人的行为看起来顽固不化。其实顽固不化并不全是人的性格问题，它也是一种自我保护的思维方式。

情绪是大脑为了保护我们而产生的。通过情绪调动的人体的注意力和资源、带来的行为，是为了保护我们免遭伤害，躲避危险，应对紧急事件。如果一个人没有情绪，比如在面对危险时没有惧怕，面对紧急时没有压力，那对自身生命安全反而是一个重大威胁。因此，我们每个人都会有情绪，这是正常的，我们需要正视这个任何人都无法逃避的事实。

尽管情绪的出发点是保护我们，但它带来的行为却时常会引发伤害。其原因在于两个方面。

第一，认知错误。边缘系统并不受大脑控制，一旦它错将对人有益处的情形当作危险来处理，即产生了认知错误，那其产生的情绪就会调动人体的资源和注意力，来尽力消除这个有益的事件。比如说，有时人们听到善意的劝诫时，第一反应是拒绝；有时人们听到不同意见时，首先想到的是反驳。这些情绪与行为背后的根本原因在于，边缘系统产生了认知错误，误解了当时的情形，误解了对方的初衷，产生了负面情绪，进而导致了不理智的行为。

第二，行为错误。即使边缘系统没有出现认知错误，但强烈的情绪也可能产生错误的行为。比如在工作中，对于合作伙伴的失误，只是一味严厉苛责，这不仅没有益处，反而会破坏关系，使合作停滞；开车时遇上堵车，越着急，就越容易出安全事故，反而耽误时间。"冲动是魔鬼"——因为强烈的情绪而产生的错误行为，在工作和生活中十分普遍，它会产生不良的后果。

## 理财中的情绪

既然情绪无法避免，那我们就要深入思考情绪对理财的影响并积极应对。情绪对于理财的影响更多是负面的。原因在于，理财决策是基于一系列专业知识、深入分析、理性思考才能做出，并不是靠自发行为或顽固不化等就能完成的。接下来讨论情绪对于理财过程中投资时机的把握、投资标的的选择、风险的评估等产生的具体影响。

**前景理论**

前景理论，由著名心理学家丹尼尔·卡尼曼（2002年诺贝尔经济学奖得主）和阿莫斯·特沃斯基（1996年过世，因而未能一同获得2002年诺贝尔经济学奖）在20世纪70年代提出的。根据前景理论，投资者对收益和亏损的敏感程度是不同的。如图7.7所示，亏损100元带来的痛苦程度会大于挣100元带来的愉悦程度。

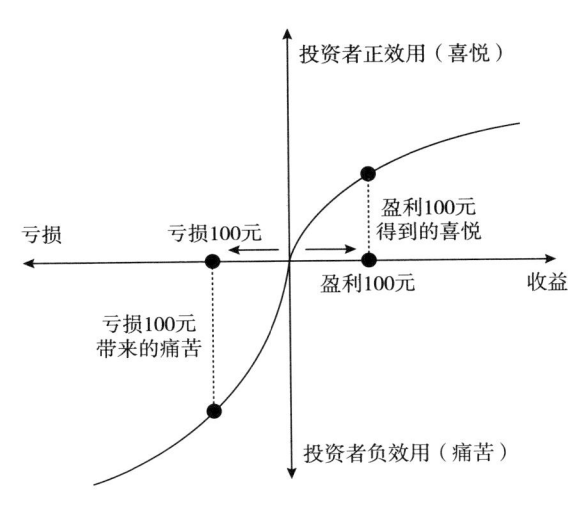

图7.7 投资者对收益与亏损的敏感程度对比

前景理论对于解释投资者的投资体验非常有帮助。比如，很多人很难从投资中获得喜悦，这是因为当挣了钱时，他们会想为什么没能再多挣一些，而当亏了钱时，就容易十分沮丧。

因此，前景理论也说明，如果我们在理财时，过分关注短期损益，会降低幸福感——挣钱的愉悦程度要低于亏同等数额钱的痛苦程度，而理财的核心目标是提升幸福感。因此，在理财时，我们不仅要看得长远，用长期主义去抵御短期波动，还要有意识地减少对短期损益的关注，避免受到短期波动的影响。

## 处置效应

处置效应，指的是当人们需要卖出股票时，会倾向于先卖出盈利的股票，而保留亏损的股票。原因在于，当人们持有的股票处于亏损时，一旦卖出就意味着账面亏损成为实际亏损，带来实际的财富损失，而这会给投资者带来很大的痛苦。因此，为了避免这种痛苦，投资者会选择继续持有亏损的股票，并一直抱着回本的期望。反过来，对于盈利的股票，在已经盈利的状态下，再多一些盈利也不会带来更多的正反馈，因此投资者会更倾向于卖出盈利的股票，落袋为安。

关于处置效应，另一种解释是，人们总是倾向于期望自己做的决定是对的，并为此感到自豪，而不希望看到自己做的决定是错的，心生后悔。当你需要卖出股票时，卖出盈利的股票，意味着你对这只股票的投资决定是对的，带来了收益，你会为之前买这只股票而感到自豪，觉得这真是一个明智之举。但如果你卖出亏损的股票，就代表你承认买这只股票是错误的，你会为买这只股票而后悔。因此，你当然会选择让你体验自豪的卖出操作，而避免卖出亏损的股票所带来的后悔。

处置效应也说明，投资者在股票交易时机选择上会受到个人情绪的影响。这也解释了为什么有些人的股票账户里有一些持有数年却亏损50%以上、被深度套牢的股票。投资者总是避免卖出亏损的股票，不希望账面上的亏损变成实际亏损，不甘心自己当年的买入决定带来实际的财富折损，总盼望着回本的那一天。这样的心态会带来以下几个明显的问题。

1. 过早卖出盈利的股票。总是想着落袋为安，想着保住收益，从而在盈利尚浅的时候就选择卖出，导致带来盈利的股票持仓时间较短，使得每次盈利带来的实际收益都不多。
2. 迟迟不卖亏损的股票。股票下跌后一定会反弹吗？当然不一定。当一只股票对应的上市公司已经失去投资价值时，它的价格会持续下跌，即使下跌过程中出现反弹，上涨也只是昙花一现。你如果持有一只股票，眼睁睁看着它的股价不断下跌，却不忍心卖出，那就意味着你在这只股票上的投资亏损会不断加大。
3. 错过更好的收益机会。因为资金被亏损的股票给套牢，使得你没有办法腾出资金去买更好的、能带来收益的股票，从而错失了更多的收益机会。

因此，处置效应对投资的影响是巨大的。处置效应会大幅拉低投资者的收益。更不用说，投资者因长时间持有大幅亏损的股票而遭受的巨大心理压力以及产生的沮丧焦虑等负面情绪。

那么，什么时候卖出是合理的呢？可以依据以下三点来判断。

1. 股票大幅上涨，以致股价高估，脱离基本面。
2. 上市公司的基本面出现严重恶化，比如大幅亏损、增速放缓，或者发生极其负面的事件，比如财务造假、监管处罚、司法诉讼、股东冲突、失去重要客户等。
3. 有更好的投资标的。

如果出现以上三点中的任何一点，都可以考虑卖出；反之，就可以继续持有。

**过度自信**

过度自信，是人们投资时经常出现的另一个问题。过度自信的人，会极其相信自己的判断，严重高估投资的胜率。过度自信的人容易做出过度冒险的投资决策，面临过高的投资风险。过度自信会导致的不合理的投资行为主要有以下几种。

1. 仓位过于集中于少数股票。不少人的股票账户里，80%以上的资金集中在一两只股票上。这是非常危险的投资行为。一旦重仓的一两只股票"爆雷"，就意味着自己的财富会遭受巨大亏损。"不要把鸡蛋放在同一个篮子里"，从分散风险的角度来看，投资10只左右的股票是比较合理的。
2. 加杠杆，借钱投资。这也是十分不可取的行为。一旦亏损，不仅可能会赔光本金，而且会带来巨额债务。我身边就有朋友因为借钱投资，结果被套牢，背上巨额的债务，陷入财务危机。理财是为了提升幸福感，借钱投资，不仅让人承受较大的心理压力，还很可能因此让整个家庭都付出沉重的代价。

3. 在大幅下跌时试图抄底。有投资者将大跌作为抄底买入的机会，但实际上这和在大涨之后追涨买入的风险一样高。大跌之后并不一定会反弹，也许还会大跌。比如2015年6月的股市大幅下跌，七八月继续下跌，来年的一二月还在下跌。股票指数是这样，个股也一样。你需要有充分的理由，认为所选的股票接下来会上涨，才能做出买入决定。千万不要因为过去的涨跌而做出买入的决定。

**情绪影响人们对风险的感知**

人们对风险的感知也会受到情绪的影响。比如情绪比较高涨、兴奋、积极时，就会低估风险；如果情绪比较消极、低落时，就容易高估风险。以下是情绪影响人们对风险的感知，最终带来行为偏差的三种情形。

1. 赌资效应

赌资效应，反映的是人们对风险的感知会随着盈利的增加而降低。比如刚开始投资股票时，大多数人都比较谨慎，从小额资金投入。有了盈利后，就会对自己的投资能力越发有信心，逐步增加投资金额。如果进一步盈利，就会越来越自信，越来越敢冒险。这也意味着，盈利的增加，使人们对自己的投资胜率有过高的评估，也降低了对投资风险的感知。反过来，当投资出现亏损时，人们就可能越发谨慎，控制或减少投资的金额，为的是避免出现更大的亏损。这也很好地解释了为什么投资者极易追涨杀跌。在市场不断上涨的过程中，人们的投资收益会随着市场的上涨而持续增加，这导致大家对投资风险的感知不断降低，敢于把更多的资金投向股市，持续加仓。而当市场下跌，亏损越多时，就越害怕，急于卖出。

2015 年的上证指数走势与公募基金申赎份额的对比也可以说明问题。2015 年年初到 6 月中旬，上证指数从 3 000 多点涨到了 5 000 多点，半年时间涨幅接近 70%，十分罕见。相应地，在当年 6 月市场的顶点处，公募基金申购的份额数大幅上涨，单月接近 9 000 亿份。而到了 7 月，市场大跌，投资者因为亏损对市场产生了恐慌心理，又迅速赎回 1.28 万亿份。

实际上，赌资效应使投资者对市场的风险感知，与实际的市场风险的走势，往往是相反的。比如在 2015 年，市场不断上涨，投资者的收益不断增加，这使投资者降低了对风险的感知。但当时，随着估值水平的不断上升，市场的风险是在增加，而不是减少的。相反，当市场出现大幅下跌时，投资者会因为亏损而担心、恐慌，放大了对风险的感知。但此时估值水平正大幅下降，市场的风险其实在逐步被释放。

因此，赌资效应不仅使投资者对风险的感知受到了影响，而且带来了对市场的错误判断，导致加仓和减仓的时机都出现了问题，最终导致很多人买在高点，卖在低点，遭遇显著的亏损。

2. 风险回避效应

风险回避效应，指的是人们因为一两次的亏损而彻底放弃有风险的投资。很多人因为在市场大跌中亏了很多，发誓从此再也不碰股票。这就是典型的"一朝被蛇咬，十年怕井绳"。这源于人们对亏损的厌恶，拒绝再经历类似的情形，因此选择用极端的、不再投资的方式去规避亏损。这样做虽然不会再遭受亏损，但也错过了利用股市实现财富长期增值的可能性。这是非常大的一个遗憾。

3. 翻本效应

翻本效应，是指人们因为亏得太多而选择一次极度的冒险行为，试图用一次机会实现翻盘。输了赔光，赢了翻倍，就是翻本效应的典型行为。这样做也是十分不理性的，因为这要承受极高的风险，一旦失败，很可能倾家荡产，不仅不能翻本，反而使个人和家庭陷入巨大的财务危机。这也是一种十分不可取的行为。

**启发式思维**

启发式思维是大脑的一种思维方式，指的是人们倾向于通过少数的、片面的信息形成判断，做出决定。本质上，这是大脑"走捷径"的体现。启发式思维存在于我们平日生活和工作的方方面面，比如人们会通过脚步判断是谁走进来了，通过衣着打扮判断一个人的身份等。

在理财时，启发式思维也会对我们选择投资时机和标的产生影响。

在选择投资时机时，大多数人倾向于在市场上涨时买股票，因为他们认为过去上涨，接下来也会上涨。然而市场接下来是否上涨，受很多因素的影响，与过去上涨并没有直接关系。依据市场过去的表现去预判接下来的表现，通常是不准的。

在选择投资标的时，大多数人倾向于投资熟悉的产品。比如很多人买股票和基金是因为身边的人推荐或者根据某些排行榜来选择。但实际上，这需要结合估值进行严谨的分析评估，才能做出决策。因此，我们需要充分认识并理解这些情绪给自己理财带来的影响，并有意识地去管理好情绪，才能收获更有幸福感的财富管理。

## 用保险"四件套"做好人生的风险管理

为什么要买保险？因为世事无常。明天和意外，不知道哪一个先来。纵使出现意外是小概率事件，但意外的发生也许会导致巨额的支出。尤其在年轻且积累的财富尚不充足时，意外不仅带来肉体和心灵上的痛苦，还会给家庭带来沉重的经济负担，使家庭财富出现重大折损。2020年12月，我在骨科病房里，看到和我一样因遭受意外事故而骨折的病友。这位病友是一位开货车的师傅，他每天晚上给快递公司开车送货。入院前一天的晚上，货车车厢的门突然脱落，他下意识地用手挡住车门，手臂被车门砸断了。他告诉我，手术费用是8万元，但他没有保险，只好全部自费，这一年的工作收入就交了医院。

世事无常，从年幼到年老，我们随时都可能发生意外，也可以说遇到风险。因此，我们需要通过购买相应的保险产品，未雨绸缪，弥补突发意外带来的经济开支与损失，做好人生的风险管理。

年轻人尚处财富积累的初期，面对琳琅满目、品种繁多的保险产品，该怎么选择才能满足"花小钱、保大灾"的需求呢？下文介绍的保险"四件套"可以供大家参考。

## 医疗险

医疗险是对国家医保的重要补充。医保作为国家社保体系的一部分，对人们就医过程中的费用给予一定的保销。但是，医保也有一定的局限性。

第一，医保有一定的报销比例。以我的亲身经历为例，2019年我进行髌骨手术，总花费是3万多元，医保报销之后，自费1万多元，报销比例在60%左右。如果是重大疾病，比如一些癌症疾病，整个治疗过程需要花费数十万元，即使医保报销之后，个人承担的费用依然十分庞大，会给家庭带来沉重的经济负担。

第二，医保只适用于符合医保范围的用药和治疗手段，医保范围以外的不予报销。比如有些针对癌症、罕见病的特效药，目前尚未在医保范围内，而且这些特效药通常都十分昂贵。

因此，为了对医保进行补充，医疗险就是大家优先考虑的险种。一方面，医疗险能在医保之外给予额外的报销；另一方面，医疗险也可以报销医保范围以外的特效药。因此，医疗险能为大家应对就医过程中发生的大额医疗费用提供有效的经济保障。

选择医疗险时，我们需要特别关注以下几个方面。

第一，保障续保的年限。有些医疗险，并不保证续保，或者只保证续保很短的时间。而这期间一旦身体状况发生变化，再次投保时就可能无法通过保险公司的核保流程，也就失去了医疗险的保障。因此，要选择续保期限尽可能长的医疗险。

第二，因为选择医疗险的一个主要目的是应对医保覆盖范围以外的医疗开支，因此要尽量选择对于医保外用药的报销比例更高、报销范围更广的医疗险。

第三，免赔额。医疗险只报销超过免赔额的部分。比如对于设置了1万元免赔额的医疗险，只针对医保报销后，自费的部分中超过1万元的开支，按比例进行报销。免赔额越小，保费越高，保险的成本就越大。

第四，除外项。保险公司有可能会将被保险人既往疾病或损伤部位从保障的范围里排除，这就削弱了保险的保障功能。不同保险公司的除外项设置会有不同，你需要选择保障范围尽可能大、除外项尽可能少的产品。

## 重疾险

与医疗险不同，重疾险并不是报销制，而是一次性固定保额的赔付。当罹患癌症、中风等重大疾病时，人们面对的不仅是巨额的医疗费用，也会因长期就医无法工作而失去收入。而且患者在住院治疗后，也会面临长期的复健、请人料理、补充营养等开支，这些都是与康复相关的、可能长期持续的开支。重疾险的作用，就在于通过一次性的保额赔付，比如10万元、30万元、50万元，乃至100万元，为罹患重疾的被保险人提供收入补偿和后续的康复支持。因此，重疾险与医疗险相互补充：医疗险用于应对就医过程中的医疗开支，重疾险用于应对就医后的收入缺失及其他与康复相关的各项开支。

选择重疾险的关键是保额，也就是保险公司赔付的金额。保额太低，就不能为罹患重疾的家庭提供有效的财务补充。重疾险对于轻症、中症、重症的赔付比例都有规定，赔付比例越高，重疾险的保费也会更高。此外，是否多次赔付也是选择重疾险的关键要点。有些重疾险只赔付一次，保险合同就终止了，保障就停止了。因此，要尽可能选择多次赔付的重疾险产品，这样即使罹患了一次重疾，依然能继续享有重疾险的保障。能否针对癌症进行二次赔付也是重疾险的重点。癌症经过治疗后，依然有复发的可能。因此，如果选择了癌症二次赔付的重疾险，那么在癌症复发后，还能再获得一次赔付。

**定期寿险**

如果家庭的经济支柱不幸离世，那家庭成员的生活如何得到保障？医疗险和重疾险分别应对的是生前的医疗与康复开支。但一旦家庭的经济支柱因病离世，则意味着收入的彻底结束，家庭成员的生活、孩子的教育就失去了经济来源。定期寿险就是用来应对这样的风险。配置该险种后，被保险人一旦离世，保险公司就会给予受益人一笔赔偿金。定期寿险的保额可选，从几十万元到上百万元都有。

世事无常，一旦家庭的经济支柱在年富力强的年纪离世，不仅会给家庭成员带来重大的心灵创伤，而且会让家庭成员陷入没有财务保障的困境。因此，定期寿险的配置十分重要，这也是每个家庭需要配置的保险品种。

选择定期寿险的首要关注点自然是保额。只有充足的保额，才能为家庭在失去经济支柱后提供财务保障。此外，免责条款也是选择定期寿险的关注点。保险公司在保险合同里会约定不予赔付的情形，比如从事危险运动。免责条款越少，赔付的范围就越大，保障的功能就越齐全。

## 意外险

意外险是一个大家相对比较熟悉的险种。在购买机票时，通常都会被推荐购买航空意外险、旅游险等。意外险涵盖的范围比较广，对于绝大多数意外事故，比如乘坐飞机、火车、汽车遭遇的事故，外出或在室内发生的意外，只要不是被保险人故意导致或从事危险工作、运动产生的行为，基本上都能覆盖。

选择意外险时，需要关注覆盖的医疗机构范围。有些意外险涵盖私立医院、国际部的医疗费用，甚至是海外医院的医疗开支，为出现意外后的就医提供了便利。保额和免赔额也是意外险的重点。保额太低、免赔额太高的意外险，虽然保费低，但发挥的保障作用比较有限。

上述医疗险、重疾险、定期寿险和意外险四个险种，是家庭配置保险时的四个首选险种。年轻人配置这些消费型保险，保费较低且能够给家庭提供充足的财务保障。

此外，年轻人也要考虑为父母、孩子配置保险。老人、儿童遭遇意外、跌倒、骨折的可能性比年轻人更高，而且一旦出险，也会带来较大的开支。因此，年轻人不仅要为自己配置保险，也要为老人、孩子配置相应的保险，这样不仅为自己做好了人生的风险管理，也为整个家庭做好了风险管理。